新版

言語表現技術ハンドブック

林　治郎
岡田 三津子　編著

晃洋書房

はじめに

（一）

本書は言語表現技術を習得するためのハンドブックである。

文章読本の類はすでにいくつもある。その中で本書の特質は、「事実」と「説明」を基本において言語表現技術に的をしぼった点である。感情表現に重点をおいた文学的文章を書く手助けとなる本ではない。文学作品や文学もどきの文章を書くことと言語表現技術は別なものでなければならない。

文章では世界のすべてを表せない。文章は世界の一部をとらえることしかできない。しかし、文章でしか人に伝えられないことが多くあることもたしかだ。

現代の電子技術によって、文章以外の様々な方法で人と人がつながれるようになった。文章の役割は減少したかに見える。しかし、紙の消費量はかえって増加している。社会のある部分では、文章による伝達の機会は増えているという見方もできる。本書はその「社会のある部分」で必要な文章の技術の習得を第一の目的とする。

そのために、文章における「事実」と「説明」に重点をおいてつくられた点が本書の大きな特色である。

人の心を理解しようとすることは大事だ。しかし、人と人をつなぐ感情表現の文章に過大な期待をかけてはいけない。人と人が理解し合えるのは、共通に理解できる事実を間においた時である。事実をどのように説明すれば相手にわかってもらえるかを示すことが、本書の基本である。ただし、形式的な実用文を書くことが、言語表現技術とつながるのではない。書く人の創意や工夫を手助けするのが言語表現技術である。

また、現代は見知らぬ他者と文章でつながりを持つことが必要な時代である。見知らぬ第三者に向けて文章をどう書けばよいかを明らかにすることも、本書の目的の一つである。

（二）

本書では「考える」について、言語表現技術の習得と密接な関わりを持つ部分にのみ範囲を絞って話を進めたい。一般に「考える」と言うときには、発想法・ひらめき・思いつき・アイデアなども含まれる。しかし、ここでは、それらの必要性は認めるにしても、あえて扱わない。本書は言語思考技術という面も持っているからだ。言語思考技術では言語化されうるもののみが考える対象となる。この面から見た「考える」の根底にあるのは、以下の三点である。

①漠然と頭の中で考えるのは自分の内だけに向かう徒労の行為でしかない。他者に向かって開かれた事実を調べるなかに、考えることの出発点がある。

②文章における「独創性」とは事実を十分に調べた後に、その不要な部分を捨て、説明するための構成の順序にたどり着く過程である。世界について多くの材料を集めて今まで知らなかったことへの理解が深まることが「考える」の始まりだ。そののち言語表現技術によって世界を新たな目で見直したり、新たに分類できる独創性が身につけられる。

③「考える」とは、自分の立場を他者に向かって明確に説明できることでもある。文学作品は自己の内部に対する思いが発現したものであろう。結果として、他者もその作品に触れることにはなるかもしれない。しかし、他者に対して基本的に開かれていない思いは本書の「考える」とは相容れないものだ。言語表現技術はあくまで他者に開かれた文章を扱う。自己と他者の間にある事実を問題とするからだ。

以上の三点についての詳しい説明は、第Ⅰ部と第Ⅱ部にある。第Ⅲ部の演習をする過程で、この「考える」ことの輪郭がより明確になるだろう。

（三）

本書は次のような人々に向けて書かれている。


思いを書くべきだという作文教育に反発した人。

書物に書いてあることは十分理解していたのに、感想文を強制されてうまく書けなかった人。

数学が得意であることが文章の技術とは関係がないと思っていた人。

文学作品から感動を得られなかった自分は変だと思っていた人。

小説を読んでも人生の真実など見いだせなかったので、自分は文章が苦手だと思いこんでいる人。

人の気持ちを動かす文章など存在しないと思っている人。

画一的な仕事文に我慢できず、実用的な文章も人それぞれに異なってよいはずだと考えている人。

課題日記に出来事だけでなく思ったことも書きなさいと言われて、戸惑い書けなかった人。

こういう人たちに言いたい。あなたは間違っていない。こういう人たちこそ言語表現技術の獲得に向いているのだと。あなたは「文章とは自分である、心である」という迷信から自由であるからだ。

自己の内面や心を文章の目的としてはいけない。そういう文章はハタ迷惑である。他者の心によりかかり自分を振り回すことは、当人のたんなる気晴らしにしか過ぎない。

言語表現技術は、自分の調べたことや作ったものなど、自己の行為の結果を説明するためにある。ただし、自分を振り回さず、他者に負担をかけるべきではないという心構えは必要である。この場合、心構えそのものをことばで伝えるのではない。他者に読んで貰うという配慮を、書く以前に抱くことが出発点となる。言語表現技術には最初からその心構えが含まれていることを忘れてはいけない。

(四)

本書はまた日本語は特殊ではないという立場に立脚して書かれた。人類が一つの種であることは自明である。同じ人類である限りは、どの言語も等しく論理的構造をもっている。日本人の情念や日本人のことばに対する美的感受性の特殊性が強調される本が多い中で、本書のような言語表現技術を中心においた本が今こそ必要ではないか。日本語は決して論理に適さない言語ではない。現代は文化が多様化し、なおかつ一方では地球が一つになることが大事だとされている時代でもある。こういう時代においてこそ、他者に向かって開かれた関係を築き、論理や説明のために日本語をどう使うかという言語表現技術はますます必要となるだろう。

本書は言語表現技術への提言と四部で構成されている。第Ⅰ部から順を追って読む必要はない。相互に参照しながら理解し、「練習」してほしい。言語表現技術でいう文章は頭だけで理解して「わかったつもり」になっても書けない。言語表現技術は実際に文章を書く「練習」の中から生まれるものだ。そのことを念頭に置いて十分に本書を活用してほしい。

第Ⅰ部は、言語や文章の基本を理解するための理論の説明を中心とする。第Ⅱ部は、実際に文章を書くときに必要な原則や細部の知識からなる。第Ⅲ部には技術獲得のための演習課題を収録した。第Ⅳ部・第Ⅴ部には社会の実際的な場面での応用に必要な技術と基本的な知識を収める。

第Ⅰ部が難しければある程度とばして読んでもいい。ただし、演習課題を一通り終えてからもう一度読むことが必要だ。言語表現技術への提言と第Ⅱ部を頭に入れ、第Ⅲ部の演習をすれば、本書でいう言語表現技術の骨格はだいたいつかめる。しかし、理論を理解すればなおいっそう技術は深まるものだ。

第Ⅱ部は、文章を書くときに常に手元に置いて参照し、文章の点検・修正に利用する必要がある。第Ⅳ部・第Ⅴ部は、時に応じて役立つものとなろう。

言語表現技術への提言

本書で扱う言語表現技術の範囲を明確にするための提言を十二条にわたって示しておく。

一　本書では、わかりやすく事実を説明する文章を書くことを第一の目的とする。

二　感情表現や扇動やうわべの説得を目的とする言語表現は本書では扱わない。

三　感想文や思ったままを書く作文も本書では扱わない。

四　説明する相手を尊重することが言語表現技術の第一歩である。

五　事実は一つしかない。しかし、説明の方法はたくさんある。

六　ただし、多くの説明のうちから相手になるべく負担をかけない説明の仕方にたどり着く技術が必要だ。

七　論理的な意見とは、事実の説明を十分につくした後に、述べるものだ。

八　言語表現技術は事実の十分な説明のために不可欠なものだ。

九　言語表現技術を習得するためには本書に書かれた原則を守ることが必要である。

十　言語表現技術は繰り返しの訓練によってのみ手に入れることができる。

十一　相手にわかりやすい文章を書くためには、書く側の忍耐と手間暇がいる。

十二　自分に向かって文章を書くためには言語表現技術はいらない。見知らぬ他者に理解してもらうためにこそ言語表現技術が必要となる。

目次

第Ⅲ部 演 習 編

第 I 部
理　論　編

ここでは見知らぬ第三者に向かって書く言語表現技術が必要である背景を、理論と日本人のおかれた特殊な言語環境から考察する。

1　言語で世界のすべてを表現できるか

世界は人類の出現以前から存在した。言語は人類の進化の中で生まれた。言語が人類より前に存在したことは、今日の科学では否定されている。

人が名前を付けるまで世界は存在しない。人のいないところで木が倒れた時に、音は存在するのかという問題がある。空気が振動するのは確かだが、音とは人に聞こえた時に、初めて音になるのだ。音は人間という存在があって、つまり人間の耳に聞こえた時に音になる。冥王星《めいおうせい》が発見される前から、名前のない太陽系の第九番目の惑星は宇宙に存在した。しかし、人が名前を付けるまで、その惑星は人間の世界には存在しなかったのである。

逆に言えば、世界には人間が名前を付けていないものや、付けられないものがたくさんある、とも言えるのだ。

人は名前を付けることで世界を発見し、自分のものとする。その際に、自分の興味や自分の都合で、名を付けたり付けなかったりする。文化によって同じものに、別の名が付いたり、別の区分をされたりするという言語現象になる。日本語では虹は七色であるが、他の言語圏では三色や五色に分けられる、というのはその一例だ。氷、水、湯、という日本語の区分が、英語では ice と water という二つの区分であり、マレーシア語ではただ一つのことばで日本語の「氷、水、湯」を表す。鈴木孝夫がこのような現象に着目したのは一九七二年のことだ(注1)。英語ではティーポットに入れるのも water だし、芝生に撒くのも water だ。はっきり区別する時だけ hot を上に付ける。シャワーからwaterが出ていると書いてあっても、それが水なのか湯なのかは文脈や背景を知らなければわからない。この言語の分節性という考え方が現代の言語理論の基本の一つとなっている。

同一の言語の中でも、我々は明確な境界（分節）を意識せずに日常には言語を使っている。小石と砂には明確な区分はない。普通の人は何ミリより大きいので「砂ではなく」「小石だ」とするのではなかろう。何となく「感じ」で、さらさらした砂か小石かを区分する。人によって違うのは当然だし、同じ人が金魚の水槽に入れる時と海岸で砂遊びする時では異なる区分をすることもあるはずだ。曖昧でも差し支えないとき、人はことばよりも自分の感性を優先する。

しかし、コンクリート業界の人や砂時計を作る人にとっては「砂」と「小石」との間に明確に区別できる境界は存在するし、境界は必要なのだ。しかも何ミリという誰にもわかる基準がいる。この場合は実際に存在する物体が人と人の間にあるから、ことばは厳密に定義されうる。ただし、コンクリート業界の人と砂時計を作る人とでは、自分たちの仕事の都合上異なった定義があるだろう。大きさの違いはもちろん、乾いた砂でなくてもよい場合と、乾いていないと駄目だ、など。

万人に共通な定義や表現をことばそのものだけに求めるのは難しい。

だから、言語は曖昧で無力だ、と言おうとしているのではない。言語のそのような性質を理解したうえで、他者との間に誤解のない伝達ができる範囲で、言語を使う必要がある。それが言語表現技術だ。言語の曖昧でない部分を中心においた言語表現技術が必要なのだ。

さらに、人間の感性の世界をも考えてみよう。

一人の男が一人の女を好きになったとしよう。この好きという感情は他の女に、あるいは他のモノにたいして持つものとは異なり、世界でただ一つの特殊なものであるはずだ。一般に通用する「好き」ということばを使っても、その感情を完全に表現できないのは明らかだろう。そこに、別のもう一人の男が現れ、この女に好きだという感情を抱いたとしよう。そのとき、二人の男が同時に「好き」ということばを発したら、この女はどちらの好きがより真実かということを「好き」ということばだけからは判断できない。どちらの男を選ぶかは、女の側がその男を他の男とは違う、世界でただ一人の存在だと意識したときだ。そのとき、二人の間に「特別あつらえの好き」という感情の共有が生じ、ことばによる表現は必要でなくなる。恋する二人の間にことばはいらないとは、昔から言い古された表現だ。

ただし、それを第三者が見て他の誰かに伝えようとしたとき、ことばによって「二人は好きあっている」と表現するしかない。この「好き」は、二人の間で生じているらしい感情を仮に表しているだけで、二人の間に現実に存在する「好き」という感情の内容を表しているのではない。感情の内容は、当の男女二人の間で共有されているだけで、言語化した人とそれを聞いた人の間で共有されるのではない。この場合も言語は無力である。いや、「好き」という状況をつたえるために言語化できるとしても、好きの内容や程度は言語表現の対象にはできないということでもある。

では次に、人がモノに対して一方向の感情を持った場合には、どうなるかを考えてみよう。

ここに食べ物がある。食べ物は客観化されたモノとして存在する。しかし、それを「うまい」「まずい」とするのは人間の主観による判断であり、初めから「うまい」という絶対基準があるわけではない。ある人にとって「うまい」からといって別の人にも「うまい」とは限らない。さらに、一人の人間の中でも基準や段階は状況（空腹度、値段との釣り合い、一緒に食べる人間、など）によっても左右される。うまいを口の中で感じる快感と定義しても、食べないと分からないという事実は変わらない。牛肉のようにうまいと言っても、牛肉を食べたことのない人には何の意味もない。本人が感じている「うまさ」そのものの意味は記述できない。多数派がうまいをある程度定義づけたとしても、文化の違いで一八〇度反対の結果が出ることはよくあることだ。牛肉のようにまずいという表現のある文化もある。

うまいものを食べたという言語表現は可能である。しかし、うまいという内容がそこに表現されているのではない。ともに食べた場合でも、同じものを食べたという事実を表現できても、うまさの内容そのものを二人以上の人間の間で、言語化して共有しているのではない。漠然と「おいしかったなあ」という満足感を共有できたという感情だけが各人に残るだけだ。

それにもかかわらず、味覚随筆の類が多くあるのはなぜかという疑問にも最後にすこし触れておこう。読者の側の問題である。読む側の動機は次の二点であろう。①うまいものを手に入れ、あるいは、うまい店に行き、うまいものを食べるための紹介記事やガイドブックとして読む。②うまいものを食べた筆者に感情移入し、うまいものを食べた気分になるために読む。

いずれにしても、そこにうまさの内容が記述されているのではない。①では食べ物の内容が情報として記されており、②では感情的に一体化した二人の間に気分が共有されているだけである。また、まれにはその食べ物を料理するためにレシピとして読む読者もいるかもしれない。その場合は作り方の説明が記述されているのを読むのである。

味覚を言語で記述するのは本人にとってのメモでしかない。第三者である他者と共有できない記述である。うまいものを食べるために行ってみたい店を覚え書きとして残すのと同じだ。

感性に属するものを、言語による表現だけで他者である二人以上の人間の間ではっきりさせるのは困難だ。文章を介して意思の疎通が成立しているわけではない。一人の人間のうちにある感覚が生じたことは実際にあったことでも、その言語化された感性の内容は、他者が検証できる「事実」ではない。詳しくは、次項で説明する「事実の記述」の問題へとつながる。

2 事実の記述と日本の「作文」教育

アメリカの小学校の国語の教科書のなかに「事実の記述」の項があるのを、物理学者である木下是雄が見つけた話から始めよう(注2)。氏は一九七六年に同僚が米国から持ち帰った小学校の五年生用教科書のあるページに次のような二つの文が並んでいるのを見た。

> ジョージ・ワシントンは米国の最も偉大な大統領であった。
> ジョージ・ワシントンは米国の初代の大統領であった。

その後に「どちらの文が事実の記述か。もう一つの文に述べてあるのはどんな意見か。事実と意見とはどう違うのか。」という質問があり、さらに次のような二つの注が載っていたという。

> 事実とは証拠を挙げて裏付けすることのできるものである。
> 意見というのは何事かについてある人が下す判断である。他の人はその判断に同意するかもしれないし、同意しないかもしれない。

意見は様々にあってよい。しかし、検証可能な記述のみを「事実の記述」として明確に区別する。このような態度が日本の言語教育に最も欠けている、と考えた木下是雄は「言語技術教育」を日本で始めた。

ここにあるような事実と意見を区別する教育がほとんど日本ではされない。多くの日本人は事実と意見の区別を曖昧にしたまま「作文」と呼ばれる言語教育を受け、それが文章の基本だと思ってしまう。

そこには日本の言語教育の大きな二つの問題がある。

一つは、作文の時間では思ったまま感じたままを書け、と教えられることだ。

思ったこと感じたことが他者との間で検証できる事実であるかどうかは問題にされない。ただひたすら自己の内面を見て書けと教えられる。素直な気持ちで書けと言われる。しかし、そんなことが可能なわけはない。私たちの内面はことばにならないもので一杯なのだ。だからこそ、ことばにできない喜びやことばにならない悲しみという表現がある。

現実の生活の中で、感情はことばと密接な関係を持つとは限らない。絵を見、音楽を聴き、風景を眺め、スポーツを観戦して、人はそれぞれに感動する。それをことばに表現すべき理由など本来はどこにもない。ともに同じ経験をし、同じ場にいたもの同士がその感動を分かち合う。ただし、感動しないことも各人の自由であることを忘れてはならない。言語化されて感動が生じるのではない。感動がまずあり、ことばは添え物でしかない。

国語の教師だけが「感動」の専門家ではない。それにもかかわらず、国語や作文の時間にのみ感動や素直さが強調され、そこでは言語の伝達性の限界や事実の記述の重要さが置き去りにされる。国語の時間の「文章の筆者が感じたことを想像しましょう」などという誤った教育が作文につながっている。当の文章の筆者が感じてもいなかったことが国語のテストの正解だという、笑い話もある。明治以降の日本の文学の中では小説が異様に尊重されてきた。小説が人生の感動の源であり、文学者にコンプレックスを感じ、文学こそが国語の中心だと信仰する、文学青年崩れの青年の多くが教師になる。そのような文学部出身者が国語や言語教育の中心にいることが国語・作文教育を歪めてきた。先の木下是雄はその歪みを正そうとした先駆者の一人である。氏が物理学者であったことを今あらためて考えるべきだろう。作文や国語の教育が小説信奉者で占められるのはよいことではない。

もう一つの問題は「思ったこと感じたこと」は素直な子供の本当の気持ちである、という信仰だ。思ったこと感じたことが本当とは限らないのは、他者との間に事実として「うまい」が存在しないのと同じだ。うまくないものを食べても、他者との人間関係を円滑にするために「おいしいですね」というのが日本人にとっての他人とのつながりの一部をなす。ことさら異を立てずに、素直にその場をまるく収めるのが、立派な大人の日本人である。そこにある事実を重視するより、いかに人間関係を壊さないかという配慮が優先する。そういう配慮が悪いのではない。その根本に、ことばで嘘を言うことへの反省のない歴史的土壌があることが問題なのだ。

作文の時間に、本人は嘘だとも思わずに、「素直な気持ち」から、教師と生徒という閉じられた人間関係の中で、先生のために、ありもしない感情を文字通り「文に作る」。文の背後に筆者の感情を読みとるという国語の時間の教訓が生かされる。教科書の小説や文学的随筆に出てきた感情表現を適当につなぎ合わせれば文章になる。それが感情を表すことだと自分でも信じてしまう。思っていなくても「思ったこと感じたこと」は書ける。そのことは思ったまま感じたままを書けるという日本の作文教育の欺瞞にもつながる。

日本の国語・作文教育を忘れるところから本書は出発する。

その前提の上で、本書の言語表現技術の中心となる、二つの考えを示しておく。

> A　人と人の間に記述しうる事実をおくことが言語による相互伝達の基本だ。
> B　意見とはある立場に立ってその事実を説明することだ。

事実と「事実の記述」は異なる。本人が事実と思うことと、本人以外の第三者がそれを検証できるかどうかは明白に異なる。感じたことは本人の内部における事実であり（つまり「事実の記述」ではないことに注意）、人と人の間にある検証可能な事実ではない。小説を初めとする文学書の表現の真似をしてはいけない。

自己にとって意味のあることと、他人との間の言語活動は異なる。まず他者との間に事実の記述をおくことから、他者に向けての言語表現活動は始まる。

Ｂは次章での内容に続く。なお「事実の記述」については「6　理論編付録」で木下是雄による参考資料などとともに補足説明を加えた。あわせて、事実の記述判定練習問題をすることで理解を深めて欲しい。

3 言語による説明と論理

他者とつながることを目的とする言語表現において、二人の間に検証できる事実がないのに意見を言っても仕方がない。ただし厳密に言うならば、そのような意見は検証できないという意味では、ほとんどが感性に属する感想に区分した方がよい場合が多い。

日本での議論は「論」から出発すると考えられている。まずそれぞれが感想のような意見を言い、あとから付随してそれに応じた事実が各人から小出しにされる。どういう事実が基本として問題なのか不明なままに、論議や会議は進み、食い違いは平行線であったかに見えたとき、基本となる「事実の記述」がそもそも人々の間になかったことがわかる。論議はまだ始まる以前だったわけだ。そのうえ、人間関係の駆け引きが論理の一部であることも、そこに絡んでくることが、いっそう話をややこしくする。江戸時代の村で、田圃へ引く水の分配を巡る争いの話し合いの例を挙げよう。寄り合いは何日にもわたって、村人全員が参加して行われる。すべてが自分勝手な意見を言う（個人の主張が日本には少ないというのはつくられた神話だ）。飲み食いをしながら、へとへとになるまで話し合いは何日も続けられ、皆が意見を言うのに飽きた頃に、長老が登場する。人の和を第一とする穏当な（議論するまでもなく初めから自明だったような）妥協案が出され、皆が全員一致でそれに従う。議論の場はあっても人間関係を壊すようなことはあってはならない。重要なのは、皆が和気藹々《あいあい》と寄り合いを終わることで、論理の決着はどうでもいいということだ。人間関係と日本語の関連については、さらに次章で説明したい。

意見を言う前に、各人の間に明確に事実といえるものがまず共有され、その事実について検討しなければならない、というルールは日本では通用しない。

まず、「事実と論理」を説明するために、一人と犬一匹を足すと2になるのか、という問題をとりあげて例としよう。

一匹の犬が人間と同じ扱いを受けられるかどうかは、その犬のしつけの状態や個々の性質などによって異なるだろうし、盲導犬かペットかなどによってもまた違う。いる場所が自宅なのかレストランなのか電車の中なのかによっても変わってくる。具体的な事実をまず間におかないと、話にならない。そのときに、どこまでが一般化できる範囲かを決めることも重要となる。そのためにはなるべく多くの事実（事実の記述に入るもの）を集め、事例を検討しなければならない。そこが数字や式だけで進める論理と言語による思考の論理の大きな違いである。介護犬という、盲導犬ではないがある種の人にとって必要な犬がペット並の扱いしかされない状況も出てくるわけだ。

どういう場合なら人間と同列で合計2と認めるのか、どんな場合でも認めないのかなどというのは、その人の立場によって異なるだろう。それが立場であり、その立場を他者に向かって説明するのが論理である。具体例を事実として検証し、ある程度一般化し、それが別の具体例に当てはまるかどうかを別の角度から検証する。これを数多く繰り返すことで次第に一般化の程度は深まる。具体と抽象の往復なしには、文章を考えることも書くこともできない。当然ながら一般化するための論理はいくつもあり、一つだけが絶対正しいとは、人間に関する事柄である限り言えない。生身の人間は、もう一度全く同じ経験を繰り返すことはできない。実験や検証によって法則化するのは不可能だ。ただ一回しか行ったことがない外国旅行の体験から、その国の文化は何々などと一般化している旅行記のたぐいの間違いは、一回の具体例を簡単に一般化することから生まれる。

人間に関する事柄は具体例が多いほど、言語による論理と説明はより深く一般化しうる。よりよい結論にたどり着くための説明の組み合わせが論理である。説明の組み合わせのためにはさらなる事実が必要となる。多くの事実を集めることが、さらに物事の抽象化一般化に必要な説明を生み、さらに次の論理につながる。

別の角度から立場と論理を考えてみよう。

イルカは賢いといわれる。千葉康則は、イルカの脳の襞が多いことは事実だが、それが直接いわゆる人間の賢さと結びつくかどうかは別問題だとする(注3)。人間に近いから保護するべきだとする西洋の動物愛護家の立場は絶対ではない。漁民にとっては漁の邪魔をする害獣だとする立場があってもいいわけだ。具体的事実を挙げて説明する粘り強さが日本人の側に足りないのであり、論理の差があるのではない。

さらに、クジラについて、説明する立場と論理についての例を引こう。

自分の立場は同じでも、相手にとっては、違ってとられることもある。クジラの研究者である大隅清治は「私は科学者として、資料の分析結果に基づいて、これまで一貫して客観的で、公正な発言をしてきたつもりである」と述べている(注4)。しかし、そのことが、ある人には産業界（捕鯨会社側）を潰す悪者のように聞こえ、別の人には潰れるべき産業界を無理に弁護しているように聞こえたという。クジラを食糧資源としてきた国と、自分たちの基準で愛護すべき対象だとする国との間には立場の違いがあるだけだ。事実の記述は一つでも、論理の展開に差があるので、これを感性の違いだとするのは誤っているだろう。西洋人はクジラを食べなかったから、クジラに対して人間の友人のような親近感を持つ立場から論理を進める。一方、日本人はクジラを海からの贈り物だと考えて食糧資源だと考える立場で論理を展開する。日本人がクジラの問題で西洋諸国に押し切られるのは、論理力の差ではない。日本人や日本語に論理が欠如しているのではない。現在までの歴史の中での日本人の言語環境が特殊だったためだ。日本の人間関係の中では、粘り強く事実を説明したり、具体と抽象を往復する論理的態度が育ちにくかったのだ。

4 日本人の言語環境の特殊さ

日本語が特殊なのではない。日本人を取りまく言語環境が特殊なのだ。日本人は小さくまとまった範囲のなかで、限られた知り合いとだけ接触して生きてきた歴史が長かった。そこでは自己と他者は一体化した均質のものであった。明治初めまでの日本人の婚姻圏は九〇パーセント近くが数里（十数キロ）以内であったという調査結果もある。大事な内容をことばによって築き上げる必要はなかった。人間関係を良好にすることが相互の意思疎通の基本であった。あるいは、相手に寄りかかった人間関係に安住し「以心伝心」「腹芸」という言語以前の心的態度が重視されてきた。同質的な知り合い同士の中では、争いを避け、人と人のつながりを穏やかなものにするため、言語は控えめに表現され、表立って他人と対立する表現は極力避けられてきた。そこでは言語は人間相互のつながりの中で、補助的な役割を果たすものでしかない。

一方、ヨーロッパでは日本よりも狭い地域に、多様な価値観を持つ人々が多くの国や文化を築いてきた。そこには、対立や抗争のある長い歴史がある。人間関係は厳しく、容易な妥協など許さないものである。言語は、異質なもの同士が互いの立場の違いを明確にし、徹底した議論のために使われる主要な道具であった。いや、武器としての言語という見方さえある(注5)。また同時に未知の人との協調のために新たな人間関係を築くための手段という側面もある。

近代になって西洋文化が流入した時に、右記のような西洋の言語と人間の関係を抜きにして、西洋小説は受容された。

日本において小説家とその読者は、西洋文学へのあこがれを共有する同じ仲間として始まった。西洋におけるように、小説は小説家と切り離して楽しまれるものではなかった。日本では純粋な小説とは、作者と読者の閉じられた関係の中で感情を共有するためのものでもあった。明治の頃の小説の読者はほとんどが小説家志望者の文学青年であった。後年の国語教師の母胎である。感動重視の国語教育や人間関係に寄りかかった「作文教育」の風土はここに始まる。作文にみるような感情の重視と事実の記述の軽視が生じた。

教師と生徒の間の人間関係を緊密にし、良好なものにするだけなら、作文は国語だけではなくすべての教科の教師が担当すべきだろう。ただし、ここでいう「言語表現技術」とは異なるものである。さらには、現代のような全地球的に異文化と接触する、開かれた人間関係が主となりつつある状況では、実効性にも疑問が残るところだ。

最近、江戸時代がもてはやされている。小さくまとまった閉鎖空間で限られた人とだけ付き合う、なるべくエネルギーを使わない生き方は、省資源の面からは一見よいように見える。ただし、安楽な現代の生活は、江戸時代とは異なった地球規模の資源の交流を前提としていることを忘れてはならない。そこに目をつむり理想論だけで、霞を食うように江戸の生活ができるわけではない。多くの人の社会での働きの余録で、勝手に自分だけが隠居生活をすることは、社会全体のエネルギー消費量をかえって増してしまい、反社会的でもある。江戸的な生活と言いながら、都合のよいときには車に乗り、新幹線に乗って、気晴らしに東海道を歩くことは、かつての江戸人の行動とは異なる。昔の人の生き方を疑似体験することを、咎《とが》めるのではない。自分が現代に生きていることを忘れない覚悟の上で、開かれた人間関係を持ち社会とのつながりを絶たずにいることが肝要だというのだ。

過去に戻って話が済むのならば、簡単であろう。しかし、日本だけの閉鎖的な空間で生きていくのは、経済的にはもちろん文化的にも無理であることは明白だ。

現代世界を生きていくためには、いやでも世界標準を視野に入れねばならない。その時に人間関係だけにもたれかかった、過去の日本風の意思疎通は役に立たない。日本的な同質性に根ざした、湿った人間関係には寄りかからず、未知の他者との間に開かれた人間関係を新たに築くことがますます必要になる。

英語や国際語を学ぶことが、世界とのつながりをもたらすものではない。自前のことばで他者とのつながりをつくることから始めるべきだ。他人に寄りかからずに、誤解のない交流を日本語で訓練せずに、英語を学んでも、それはただ英米を中心とする西洋社会にこびへつらうことでしかない。

自己の明確な立場を日本語で表現できれば、異国のことばなど後からついてくる。アメリカでの日本人への侮蔑のことばの一つに「あの日本人は英語はうまくしゃべれるが、中身はないね」というのがあるそうだ。まずしなければならないことは、自己の仕事や生き方を充実させることだ。そののち、語るべき自己の中身を、事実の記述による説明と論理で、未知の他者に表現できる道が開かれるだろう。

曖昧でない日本語で他者とのつながりを作る訓練が必要なのだ。いや曖昧でない人間関係を作ると言ってもいい。そこから始めれば、今後は未知の他者との交流を基本とした言語表現技術がもっと注目されるはずだ。

5 日本人の「思う」と西洋人の「信じる」

日本語の「思う」は曖昧な領域にあることばである。「考える」と重なりながらも、むしろ感じるの側に大きく引きずられて用いられることが多い。日本語としての「思う」の危険な落とし穴は日本人の人間関係の構造の中にある。以下では例を挙げながらその点を検証してみたい。

前章で述べたように、日本人には人間関係が先で言語はそれに付随するものであり、なるべく言語は使わない方がよいとする傾向がある。また、集団の成員の同質性を尊重し、集団の結束の強さを重視する傾向もみられる。そのことは同じ感受性を尊重する一方で、違う感受性を持つ人への拒否につながる。「思う」の根底には、自分と同じように思うかという問いかけが含まれている。どう考えているか、ではない。「同じように感じているか。同じなら仲間になろう」という誘いである。違う人間は拒否の対象となる。

自分と同じ感覚を持つ人間で作られる聖域への入場許可証が「思う」という問いかけ・同意への発言である。「思うか」という疑問のように見えることばが発されるとき、相手が異なる回答をすることは、はじめから期待されていない。

こういう例がある。雑誌などで紹介され美味しいと評判の店に知り合い同士で出かけ、みんなが「さすがやねぇ、おいしいねぇ」という中で、一人だけがどうしてもその味が好きになれず「それほどでもないと思うけど」と発言した。すると、「あいつは変わった奴だし、雰囲気が壊れるから」と次からは誘ってもらえなかったという話だ。日本では多くの場合、同じように「思わない」人間は、仲間であることを拒否されてしまう。「思う」ということばは、感情や感覚を共用する枠の強さを前提として使われる。相手が同じ種類の感覚を持っていると安心し、それがわかると、相手に寄りかかる。そうでないと拒否する。そこには説明も事実も言語表現技術でいう「考え」もない。

日本語の嘘も方便というような、嘘に対する罪悪感の薄さもこれと類似している（鈴木孝夫は悪い意味で使われることの多い lie の訳語を嘘とするのは誤りであると実証している）（注6）。嘘は手段でしかないから、日本人は言語を軽んじると同時に嘘をも軽く考える。仲間同士であることを前提とした会合の席で、同じ物を食べているときに、一人だけがまずいと感じても、他のメンバーがおいしそうにしていれば、嘘でも「うまい」と言わなければ人間関係が壊れてしまう。言語はその場で後退し、人間関係を円滑にするためなら、嘘などたいしたことではないという雰囲気が生じる。自分の感じたことはひとまず脇に置いて、嘘でも「うまい」ということが世慣れた人間の作法であるとされる。個人の発言内容の当否よりも集団の和が重視されるわけだ。

文章における「思う」もこれら口頭の世界の外にあるわけではない。随筆風の文章にしろ、一見意見を述べたかに見える文章にしろ、末尾にある「思う」（形は「考える」という表現になっていても）は、自分の方へ来て欲しい、とか、相手にわかって欲しいという表明であり、他者を念頭に置いた説明が欠けている。事実の説明ぬきで、感想や意見のみを並べた後に「……と思うこの頃である」とか「……と考えるのは私一人だろうか」などと述べる結びの文の中には、読む人が自分と同じ枠に入ってくればいい、とか、同じ枠にいるはずだという期待がある。説明抜きで相手にわかって欲しいという願望が込められているのは明白だ。

これに対して、互いが異であることを前提とする西洋人の人間関係においては、異なっている相手への「説明」が同意や同感を求めることよりも優先する。そこにあるのは、異なることと敵対することは同じではない、という了解である。違うという前提で、互いの違いを説明した後に、たとえ意見の溝は埋まらなかったとしても、両者の間には立場の違いが残るだけだ。たとえ論議が決着しなくても、ケンカにはならず、二人の人間関係は存続する。たとえば次のような話がアメリカの小説にある（小説はすべて事実とは限らないが、類似の場面は欧米のミステリーでよく出てくることがあるので、向こうの人間関係を示す一つの典型といえよう）。弁護士とニュースキャスターである恋人同士が、テレビにそろって出演し死刑存続をめぐる議論をし、火花を散らすケンカ寸前の言い争いをした後に、次の場面では抱き合っているということがある。欧米の小説では、このような論点の明確な死刑の問題以外の日常のささいな場面でも、二人の男女が激越な言語による自己主張のぶつかり合いの後に、何事もなかったかのように恋愛場面を繰り広げることがある。互いの論点の相違と好きなもの同士の心の問題は、全く別物として描かれている。言語による相違点の説明に双方の人間関係は関与しないのである。

欧米人は敵愾《てきがい》心が強いというが、それは対立が言語化・表面化されることが多いというだけだ。日本人の人間関係においては、「対立」を避け、「対立していないかのように振る舞う」ことが要求されている。だからといって、欧米人の言語環境や言語表現が理想的であるというのではないし、そのすべてを肯定しているのではない。日本人の「思う」とは別の落とし穴が向こうの世界にはある。

人間を超越した原理を「信じる」態度から発される自己主張のための議論を、論理にすり替える点である。

死刑の問題とクジラの問題を取り上げて、その点を最後に補足しておきたい。

欧米人がよく問題にする死刑の存続か廃止かというのは、言語表現技術でいう考えるという次元の問題ではない。死刑問題は「考える」ものではなく何を「信じる」かの問題なのだ。死刑を行うことで社会がよくなるか悪くなるか、死刑によって犯罪を抑止できるかできないかについて、事実に基づいた説明は不可能である。なぜなら、どちらがより正しいかを実験してみることはできないからである。無実の者が死刑になったらということを問題にする人もいるが、それは「事実」として人を殺した人間について死刑にするかどうかとは本質的に関係がない。人を殺した人間を、他の人間が裁いて良いかどうかが、死刑の問題の中心にある。死刑廃止に賛成する立場の人は、人が人を裁いて死刑を執行することはいけないと「信じ」ている。一方、死刑容認派は、死刑によって犯罪の抑止力あるいは被害者の家族などの心情への配慮から、人が人を裁くこともやむを得ないと「信じ」ているだけだ。

そこには言語で考える論理的構造はない。何を「信じる」かを自明の前提とした異なった立場の自己主張があるだけだ。当人たちが信じている根拠は、日本語の「思う」に含まれている「感じ」以上に事実の説明とはならない。本人の中にのみ信じる内容が存在し、現実世界における証明は必要とされず、他者によっては動かすことのできないものだからだ。

さらに、前章のクジラの問題もクジラが大事だという「一つの信仰」から生まれたものだということを指摘しておきたい（詳しくは注4の『クジラと日本人』を参照）。クジラを保護しなければならないのは、資源保護だと言っていたにもかかわらず、捕獲禁止でクジラの頭数が増えても、科学的根拠もなしにまだ不十分だからもう少し様子を見ようと言う。なにゆえにもう少しなのかの根拠は明言されない。クジラは保護しなければならないから、保護するのだという論理である。クジラが餌にしているイワシの数が減少しても、イワシは欧米の動物愛護家の資源保護の対象とはならない。クジラだけを動物愛護の対象とすることに論理的根拠はない。クジラが大事な動物だと「信じる」範疇《はんちゅう》に入っているからなのだ。キリスト教信仰の中にヨナという男がクジラの腹の中で三日いて助かったという神話がある（注7）。それが欧米人のクジラ保護に影響を与えている面があるのではないかという見方もある。

以上二例に共通するのは信じるもののために、彼らは実に粘り強く意見を述べる、ということだ。しかし、この場合は事実の説明が欠けている。丁寧な説明というよりも、信じるがゆえの「しつこい」自己主張であると言うべきだ。そこには言語表現技術でいう「考える」ための論理はない。欧米人が論理的なのではない。どのような言語を用いるにしても、論理的に表現するためには、事実に基づいた説明がなければならない。

信じるに関連して、ひとこと別の面から付け加えておく。

数学の世界は西洋人の「原理」信仰と並んで、現実世界とは別に構築された整然とした世界である。数式は現実世界に応用されることはあっても数式そのものが現実的な「事実」として空中に浮かんでいるのではない。建築の構造計算に数学が使われているのは、数学を応用すれば、その強度を推定できるからだ。コンクリートや鉄筋のなかに数式が組み込まれているのではない。新幹線は数式がスピードを出しているのではない。数式を応用した結果としての総合的な技術が新幹線の速度を決定している。応用された数学の有用性は、数学の原理そのものが現実世界の事実とつながりを持つことを証明しない。

このことは西洋近代世界が、ギリシア哲学における超越原理の尊重やキリスト教以来の一神教の延長線上にある、一つの原理を中心にした科学へのある種の信仰によってできあがったこととも関連するだろう（注8）。しかし、数学の論理性をもって、西洋人のみが論理的だという証拠にはならない。信じる原理の世界での論理的整合性は認めるにしても、現実の世界の論理とは異なる次元の話である。数学の世界は現実の世界と切り離されても自立する。ところが一方、最初にも述べたように、言語は現実の世界と密接な関係の上で、現実を反映したものなのだ。その上に成立しているのが言語表現技術でいう論理である。整合性に欠け曖昧ではあるが、人間世界の事実に立脚した説明可能なものでなければならない（数学的思考が言語表現技術と相容れないということではない。巻末の「参考となる本」のD項参照）。

本書の言語表現技術は、言語をなるべく使わずに相手にもたれかかり感性の次元に頼ろうとする日本風の「思う」による「考え」とは相容れない。同時に、「信じる」という原理から出発する西欧風の「議論」による論理も、言語表現技術とは一線を画するものだ。

事実を間においた言語による説明が言語表現技術の根底にあることを最後にもう一度繰り返し強調しておきたい。

6 理論編付録（事実の記述についての参考資料・判定練習問題・読書案内）

以下に木下是雄氏の著書から一部を抜粋し参考資料として示す。その後に事実の記述判定練習問題を三段階に区分して載せる。最後には「事実の記述」に関する読書案内を付す。

【参考資料1】「事実の記述の真と偽」について（『木下是雄集 3』晶文社、一九九六年、26・27ページより）

日常語としては「それは事実です」と言うと、「それは本当です」を意味する。しかし、人は間違うことがあるので、事実を述べるつもりで言ったことが、本当でなかったということもあり得る。だから、ある記述が「事実である」という言い方を避けておきたい。そこで、「事実」ではなく「事実の記述」を次のように定義する。

a　自然現象や、人間の関与した事件の記述で、

b　しかるべきテストや調査によって真偽を客観性をもって確かめることのできるもの

を、「事実の記述」という。

つまり、「事実の記述」には**真**（本当の、true）の場合と**偽**（本当でない、false）の場合とがある。一九七二年生まれの人を、うっかり

［彼は一九七一年生まれだ］

と書いてしまったら、それは**偽**の「事実の記述」なのである。

ある記述が「事実の記述」かどうかは、書かれた内容を見れば判定できる。それがテストや調査によって**真偽**を客観性の見地から判定できるはずのことかどうかを考えればいいからだ。しかし、その記述が本当かどうかは、一般には読んだだけではわからず、テストや調査をしてみて初めてわかるのである。

（内容は変えていないが、一部記述を変更した）

【参考資料2】「事実の記述か意見か」について（『木下是雄集 3』晶文社、一九九六年、27ページより）

米国では、「事実の記述か意見か」というテーマが、初級教育だけではなく、高校・大学の作文（日本のいわゆる作文ではなく言語技術）の時間でも繰り返して取り上げられる。上に行くにしたがって、判定の微妙な場合が登場してくる。

例題を一つあげてみよう。

a　スミスの犬は羊を殺す犬だ（Sumith's dog kills sheep.）。
b　私たちは殺人犯（murderer）のスニハードが出納係を撃つのを目撃した。

は「事実の記述」かどうか。

米国のテキストの教えるところによれば、aは判断（意見の一種）である。「私は今朝スミスの犬が羊を殺すところを見た」というのなら、それは「事実の記述」だが、「羊を見れば殺す犬だ」という意味で「スミスの犬は羊を殺す犬だ」と言っているのならば、それは判断、意見だというのである。bは、全体としては事実の記述だが、殺人犯という言い方をしたところに意見が混入している。殺人犯（murderer）というのは殺すつもりで殺す時に限って使う言葉である。だから、ピストルの弾が出納係に当たったのを見ただけでは、故意か暴発かはわからない――と米国のテキストはいうのだ。

こうしてみてくると、「事実の記述か意見か」と繰り返されるしつこい問いかけの背後に、あくまでも事実に基づいた論理の対決によって、ことの理非を決しようとする西洋人の精神の根強さが見えてこよう。西洋の近代科学はこのような頑固な西洋人気質《かたぎ》に育てられてきたのだろう。

（内容は変えていないが、一部記述を変更した）

【補足説明】

新聞記事に以下のようなものがよく載っている。「悲しみのあまりに家族は声も出なかった」これが事実の記述なのかどうかを考えてみよう。事実は以下の二つだ。①事件があった。②家族は声も出なかった。注意すべきは家族にとって「悲しい事件かどうかは」明確でないということだ。

見る人にとって（記者にとってではない、このことは後述する）悲しい事件であるのがほぼ確かである場合、読者は悲しい事件だと思うだろうという推測から②の事実と①を結び付けて、「悲しみのあまりに家族は声も出なかった」という記事が書かれる。記者の判断ではなく読者がその事件を「どう考えるか」という推測からこのような記事が書かれる。事実の記述と客観を装った文なのである。家族が悲しんでいることはほぼ確実であっても、これが事実の記述でないことを理解した上で、以下の判定練習問題を考えて欲しい。新聞記事がすべてこうだというのではないが、国語教育で教えられた新聞の客観性という神話には注意すべきだ。

◇事実の記述判定練習問題◇

A　以下の各文について【事実の記述】かどうかを判断せよ。【事実の記述】には○、【事実の記述】でないものには△を付け、その理由を考えなさい。事実には真と偽があることに注意すること。

①　彼は背が高い。
②　大阪は二〇〇五年現在日本の首都である。
③　一円玉は四角い。
④　一円玉は見る角度によっては四角い。
⑤　エジソンは偉大な発明家である。
⑥　エジソンが電球を発明した。
⑦　東海道本線は東京を起点とし、神戸を終点とする日本の大動脈の一つである。
⑧　千林大宮駅は地下鉄御堂筋線にある。
⑨　在来線と新幹線では東京新大阪間の経路は異なるが、乗車運賃は同一である。
⑩　在来の東海道本線は新幹線と異なりのんびりした旅情が味わえる。
⑪　新幹線は速くて便利だ。
⑫　新幹線は在来の東海道本線より短い時間で東京と大阪をむすんでいる。
⑬　富士山は日本一の山である。
⑭　富士山は日本一高い山である。

⑮ 富士山は日本一偉大な山である。
⑯ 富士山は日本で一番愛されている山である。
⑰ 富士山の高さは三九二一メートルだ。
⑱ チャーチルは有能な政治家である。
⑲ 彼は自分のしたことは正しかったと信じている。
⑳ 彼は「自分のしたことは正しかったと信じている」と第三回公判で証言した。

B 以下の各文について【事実の記述】かどうかを判断せよ。【事実の記述】には○、【事実の記述】でないものには△を付け、その理由を考えなさい。Aよりはやや難しい。

① あの人は信用できない。
② ウソを付く人は目の動きで分かる。
③ 原告の一人は判決の不当さから怒りのあまりに肩が震えていた。
④ 大根にはビタミンCがレモンより多量に含まれている。
⑤ 飛行機は自動車より事故で死ぬ確率が低い。
⑥ たいていの日本人はラーメンが好きだ。
⑦ 日本人の九割以上がインスタントラーメンを食べたことがある。
⑧ その話はみんなが知っている。
⑨ 今の大学生は私語が多い。
⑩ 飛行機は人が思うほど危険な乗り物ではない。

C　以下の各文について【事実の記述】かどうかを判断せよ。【事実の記述】には○、【事実の記述】でないものには△を付け、その理由を考えなさい。ただし、応用問題としてどちらとも明確に判定できないものもあえて含めている。

①　あの女優の身長は一六〇センチだが、全体の比率から比べて顔が小さいので背が高く見える。
②　大阪は食べ物の美味しい街だから、ガイドブックによく紹介される店が多い。
③　大阪はひったくりが多くて、危険な街だ。
④　郵便ポストは赤くて視認性が高い。
⑤　信号の赤は波長が短かくて光が遠くまでとどくので、安全に寄与できる。
⑥　エジソンは試行錯誤によって電球を改良し現在の電球の基礎を作った。
⑦　エジソンは失敗にめげずに、偉大な発明家となった。
⑧　一万円は、ある人には大金だ。
⑨　一万円あれば十日間の食費になる。
⑩　日本の新幹線の技術はフランスのＴＧＶより優っている。
⑪　日本の新幹線の安全性は世界最高レベルである。
⑫　日本の新幹線の平均速度は時速二〇〇キロを超えているが、ＡＴＣによって安全性が確保されている。
⑬　日本一周最長片道切符の旅でさまざまな発見があったと、関口は述べた。
⑭　高齢者の登山は健康に良い影響をもたらす。
⑮　高齢者の登山は常に危険を伴うので細心の注意が必要だ。
⑯　余裕をもったスケジュールだったので、あの高齢者のパーティは事故を避けられた。
⑰　ヨーロッパではグラムは日常生活の単位であり、人々はバナナをグラムあたりいくら、というふうに買う。
⑱　田中耕一さんは、ノーベル化学賞受賞のきっかけとなった出来事を自著のなかで「生涯最高の失敗」と称している。

⑲　第一回講義の際に「言語表現法Ⅰは二〇〇三年度合格率が七〇％に満たない厳しい科目である」と担当教員が説明した。

⑳　言語表現法Ⅰの担当教員は、第一回講義の際に「この科目は、二〇〇三年度の合格率が四〇％に満たなかった」と説明して、大学における成績評価の厳しさを示し受講生の自覚を促した。

◇楽しみながら「事実の記述」が学べる法廷ミステリーの読書案内◇

イギリスは、コナン・ドイルのシャーロック・ホームズ物が誕生した国であり、探偵小説の本場だとされている。しかし、今日リーガルサスペンス（法廷ミステリー）と呼ばれる分野では、アメリカが本拠地である。

イギリスの一般の探偵小説は、論理パズルの側面が強い。それに対して、アメリカのリーガルサスペンスでは「事実の記述」をめぐって、どこまでも言語だけで組み立てた論理の攻防を中心とした展開が重視されている。本書で強調する「事実の記述」と論理を鍛えるために、楽しみながら読める秀作を以下に示しておく。なお、著者はいずれも弁護士出身である。映画化された作品も多いが、言語による論理の攻防の部分は、大幅に省略されているのであまり参考にはならないことを付記しておく。ここには「楽しみながら」という点を重視して小説を選んだので、小説が「事実の記述」の練習に適しているというわけではないことを強調しておきたい。言語表現技術と関連して読んでおくべき本は、巻末の読書案内を参照してほしい。

なお、小説の中で「事実の記述」を扱っている珍しい例としてアゴタ・クリストフの『悪童日記』の一部を**【参考資料3】**として末尾に示す。

A　スコット・トゥロー

1　『われらが父たちの掟　上・下』二宮馨訳、文藝春秋（文春文庫）、二〇〇一年。

2　『囮弁護士』二宮馨訳、文藝春秋（文春文庫）、二〇〇四年。

3　『有罪答弁　上・下』上田公子訳、文藝春秋（文春文庫）、一九九七年。
4　『立証責任　上・下』上田公子訳、文藝春秋（文春文庫）、一九九五年。
5　『推定無罪　上・下』上田公子訳、文藝春秋（文春文庫）、一九九一年。

B　スティーヴ・マルティニ

1　『弁護人　上・下』斎藤伯好訳、講談社（講談社文庫）、二〇〇二年。
2　『ザ・リスト　上・下』白石朗訳、集英社（集英社文庫）、一九九八年。
3　『裁かれる判事　上・下』白石朗訳、集英社（集英社文庫）、一九九六年。
4　『依頼なき弁護　上・下』菊谷匡祐訳、集英社（集英社文庫）、一九九六年。
5　『重要証人　上・下』白石朗訳、集英社（集英社文庫）、一九九四年。
6　『情況証拠　上・下』伏見威蕃訳、角川書店（角川文庫）、一九九四年。

C　ジョン・グリシャム

1　『ペリカン文書』白石朗訳、新潮社（小学館文庫）、二〇〇三年。
2　『法律事務所』白石朗訳、新潮社（小学館文庫）、二〇〇三年。
3　『依頼人』白石朗訳、新潮社（小学館文庫）、二〇〇三年。
4　『召喚状　上・下』天馬竜行訳、アカデミー出版、二〇〇二年。
5　『裏稼業　上・下』天馬竜行訳、アカデミー出版、二〇〇二年。
6　『路上の弁護士　上・下』白石朗訳、新潮社（新潮文庫）、二〇〇一年。
7　『陪審評決　上・下』白石朗訳、新潮社（新潮文庫）、一九九九年。
8　『原告側弁護人　上・下』白石朗訳、新潮社（新潮文庫）、一九九八年。
9　『評決のとき　上・下』白石朗訳、新潮社（新潮文庫）、一九九九年。

D　リチャード・ノース・パタースン

1　『ダーク・レディ　上・下』東江一紀訳、新潮社（新潮文庫）、二〇〇四年。
2　『子供の眼　上・下』東江一紀訳、新潮社（新潮文庫）、二〇〇四年。
3　『サイレント・ゲーム』後藤由季子訳、新潮社（新潮文庫）、二〇〇三年。
4　『最後の審判』東江一紀訳、新潮社（新潮文庫）、二〇〇二年。
5　『サイレント・スクリーン　上・下』田村義進訳、扶桑社（扶桑社海外文庫）、一九九九年。
6　『罪の段階　上・下』東江一紀訳、新潮社（新潮文庫）、一九九八年。

付記
入手の便を考慮して、初刊後に文庫版が出ている場合は（　）内にそれを示した。なかには、版元絶版品切れとなり、現在入手できないものも含まれている。しかし、たいていのものは最初にハードカバーで出版されているので、公立図書館を利用すれば読むことができる。

【参考資料3】（29ページ参照）

ぼくらの学習教材は、お父さんの辞典と、このおばあちゃんの家の屋根裏部屋で見つけた聖書だ。教科として、正書法、作文、読本、暗算、算数、暗誦がある。

辞典を使って単語の綴りを覚えたり、意味を理解したりすることはもちろん、知らない単語や、同意語、反意語も学ぶ。

聖書は、朗読や書き取りや、暗誦をするのに役立つ。そこでぼくらは、聖書の数頁をまるごと暗誦する。

作文の演習は、次の要領でおこなう。

ぼくらは、下書き用紙と大きな帳面を用意し、台所のテーブルに向かって坐っている。ぼくらの他には、誰もいない。

ぼくらのうちの、一人が言う。

「きみは『おばあちゃんの家に到着』という題で作文したまえ」

もう一人が言う。

「きみは『ぼくらの労働』という題で作文したまえ」

ぼくらは書きはじめる。一つの主題を扱うのに、持ち時間は二時間で、用紙は二枚使える。

二時間後、ぼくらは用紙を交換し、辞典を参照して互いに相手の綴字の誤りを正し、頁の下の余白に、「良」または「不可」と記す。「不可」ならその作文は火に投じ、次回の演習でふたたび同じ主題に挑戦する。「良」ならその作文を大きな帳面に清書する。

「良」か「不可」かを判定する基準として、ぼくらにはきわめて単純なルールがある。作文の内容は真実でなければならない、というルールだ。ぼくらが記述するのは、あるがままの事物、ぼくらが見たこと、ぼくらが聞いたこと、ぼくらが実行したこと、でなければならない。

たとえば、「おばあちゃんは魔女に似ている」と書くことは禁じられている。しかし「おばあちゃんは魔女と呼ばれている」と書くことは許されている。

「〈小さな町〉は美しい」と書くことは禁じられている。なぜなら、〈小さな町〉はぼくらの眼には、美しく映り、それでいて他の誰かの眼には醜く映るかもしれないから。

同じように、もしぼくらが「従卒は親切だ」と書けば、それは一個の真実ではない。というのは、もしかすると従卒に、ぼくらの知らない意地悪な面があるかもしれないからだ。だから、ぼくらは単に、「従卒はぼくらに毛布をくれる」と書く。

ぼくらは「ぼくらはクルミの実をたくさん食べる」とは書くだろうが、「ぼくらはクルミの実が好きだ」とは書くまい。「好き」ということばは精確さと客観性に欠けていて、確かな語ではないからだ。「クルミの実が好きだ」という場合と、「おかあさんが好きだ」という場合では、「好き」の意味が異なる。前者の句では、口の中に広がる美味しさを「好き」と言っているのに対し、後者の句では「好き」はひとつの感情を指している。

　感情を定義する言葉は、非常に漠然としている。その種の言葉の使用は避け、物象や人間や自分自身の描写、つまり事実の忠実な描写だけにとどめたほうがよい。

（アゴタ・クリストフ著（堀茂樹訳）『悪童日記』早川書房、一九九一年）

注

（1）鈴木孝夫『ことばと文化』岩波書店（岩波新書）、一九七三年。
（2）木下是雄『日本人の言語環境を考える　木下是雄集3』晶文社、一九九六年。
（3）千葉康則『やぶにらみ脳生理学』中央公論社（中公文庫）、一九八七年。
（4）大隅清治『クジラと日本人』岩波書店（岩波新書）、二〇〇三年。
（5）鈴木孝夫『武器としてのことば』新潮社（新潮選書）、一九八五年。
（6）鈴木孝夫、前掲書。
（7）『ヨナ書』には大魚とある。
（8）さらに詳しい説明は巻末の参考となる本のE項を参照。

第II部

実　践　編

1 第三者に説明するための文章を書くときの原則

【総論】

A 読む側は未知の相手である。相手に寄りかかって負担をかけない。

B 文章とは第三者への説明であることを忘れるな。

C 事実に基づいて説明する。感じたことは第三者にとっては事実とは限らない。

D 事実を説明した部分と事実に基づいた解釈や意見の部分は分けて書く。

E 考えをまとめるとは段落を構成して説明することである。

自分の考えた順序ではなく、相手が理解しやすい順序にしたがって説明する。

F 一段落には一つのまとまった内容を書く。その場合、重点先行主義を貫く。

主要な（相手に全体の輪郭を理解させる）部分を最初に述べ、後から順次細部を説明する。

【各論】

① 一文（ワンセンテンス）が五〇字以上にならないようにする。↓補足1

② 一文で複数の内容を述べない。↓補足2

（例）彼女は早起きだが、仕事にはよく遅刻する。

とは書かないで、

彼女は早起きだ。しかし、仕事にはよく遅刻する。

のように書く。

③ 曖昧接続の「が」を用いない（第二条の例文傍線部「が」は逆接の接続助詞）。↓補足2

（例）私は毎日三十分のジョギングをしているが、血圧を上げないようにするための健康法だ。

とは書かないで、

私は毎日三十分のジョギングをしている。これは血圧を上げないようにする健康法だ。

のように書く。

④ 「です」「ます」は用いない。↓補足3

常体（書きことばの一般的な文体・本書の文体）を用いる。

⑤ 「私は～思う」と書かない。文末に「思う」を用いない。↓補足4

⑥ 感情表現は用いない。

「一生懸命に」や「努力しました」のように相手にとっては事実かどうか判断できないものも含まれる。

⑦ 「絶対」「必ず」「非常に」「大変」などの極端な強調のことばは用いない。↓補足5

⑧ 「本当の」「真の」「すばらしい」「奥が深い」等の形容のことばは、できるだけ用いない。

用いた場合は、どの点が「本当の」「真の」であるかを説明する。

⑨ 文頭に「そして」は用いない。

「そこで」「そうすると」「そうなると」「それによって」「さらに」「そのうえ」

「それゆえ」などと言い換えられる。

⑩ 「さて」「ところで」は用いない。八〇〇字以内の文章では話題をむやみに変えない。

⑪　連体止め（体言止め）を用いない。
日本語の文章は、文末で意味を確定する表現が基本である。

⑫　二重否定を用いない。
（例）批判もないではなかった
とは書かないで、
批判もあった
のように書く。

⑬　日常の俗語表現は用いない。→「2　べからず集」
「はっきり言って」「正直言って」なども用いない。

⑭　カタカナ外来語はなるべく用いない。特に普通の日本語でも十分に通じるものをカタカナでは書かない。
→**補足6・補足7**
「グローバル・スタンダード」と書けば格好がよいのではない。「世界標準」とする方が読む人にわかりやすいという意味で親切な表記だ。

⑮　他人の文章や意見を引用する場合は、引用であることをはっきり示し、原典（引用したもとの文献）の書誌事項（著者・出版社・発行年月日・引用ページ数など）を明記する。
→**補足8**

⑯　不必要な漢字を使いすぎないようにする。→「3　字面の白さ」

補足1　一文の長さについて
どんな場合でも一文が五〇字を超えてはいけないのか、という質問をよく受ける。五〇字ならよいが、五一字は悪いという意味ではない。一読して文意が理解できるようにするためには、まず一文の長さに注意する必要がある。

初心者ほど一文が長くなり、一度読んだだけでは理解しにくい文章を書く場合が多い。以下に具体例を示す。

> 壷は細くて長いものであり、棒を水面に浮かしていると棒が傾いて倒れる可能性を防ぐために細くしてあり、棒の長さとほぼ同じくらいの長さをしていて、細長いものを固定できるよう、底はワイングラスの底蓋のように広いものがついている（一二一字）。

右の例は、一文が長すぎるだけでなく、一文の中に複数の情報が盛り込まれている。そのため、筆者が伝えようとしている壷の形状は、読者には伝わりにくい。

一文あたりの平均文字数と平均文節数について、樺島忠夫は以下のような数値を挙げている。

	平均文字数	平均文節数
週刊誌トップ記事	三五	一〇
この書物の文章	四五	一三
新聞記事（社会面）	五一	一五
新聞の社説	五四	一六
文例Ａ（注）	一〇八・七	三〇・七
文例Ｂ（注）	一一五・七	三四

注　文例Ａは「旅」、文例Ｂは「土地改良法」について記している。樺島氏が、読みにくい（何が言いたいのかよくわからない）文章の例として示したものである。

（『文章構成法』講談社（講談社現代新書）、一九八〇年、106ページ）

一文が長くなるのは、一文で二つ以上のことがらを述べていることが多い。言い換えれば、長すぎる文は、たいていの場合二つ以上の文に分割できる。

さらに、長すぎる文には、曖昧接続の「が」が混入していることが多い（補足2参照）。

一文の長さを意識することは、第三者に伝わりやすい文章を書くための第一歩である。

補足2　曖昧接続の「が」について

例1　a 全速力で走り続けた が、b 最終列車に乗り遅れてしまった。

例2　c なかなかの美人だ が、d 牛丼が好きだそうだ。

例1の項目a 全速力で走り続けた と、項目b 最終列車に乗り遅れてしまった は、「が」をはさんで対立する関係にある。このような「が」を逆接の接続助詞と呼ぶ。逆接の接続助詞「が」は、「しかし」「ところが」「だが」などの接続詞と言い換えられる。

これに対して、例2の「が」は、「しかし」「ところが」と置き換えることはできない。さらに、c なかなかの美人だ と d 牛丼が好きだそうだ の間には、論理的なつながりはない。何となく次の部分に続いているにすぎない。例2のような「が」の用法を、本書では「曖昧接続」と呼ぶ。「すみませんが、もうしばらく待っていただけませんか」など、日常会話で口調を和らげるために使うことが多い。

しかし、仕事の文章では、以下の三つの理由から曖昧接続の「が」を用いるべきではない。第一に、曖昧接続の「が」は、ヨジレた文（主述が呼応していない文）の原因になりやすい、という点が挙げられる。

［付記］この章に限って木下是雄が『理科系の作文技術』で用いた「仕事の文章」という表現を使う。これは「第三者に向かって事実に基づいて説明する」ことを原則とした文章を意味する。具体的には、論文・報告（レポート）・使用説明書などがそれにあたる。社会におけるいわゆる「仕事」よりも範囲が広いものと受け取ってほしい。

例3　曖昧接続についてだが、逆接の接続助詞との違いがあまり明確でなかったので、理解しにくかった。

〔例3改良例〕逆接の接続助詞との違いがあまり明確でなかったので、曖昧接続について理解しにくかった。

〔改良例別案〕曖昧接続について、あまり理解できなかった。逆接の接続助詞との違いがあまり明確でなかったからである。

第二の理由として、「が」の使用によって、一文が長くなる原因となることが挙げられる。

例4　このような操作のことを測定（measurement）と呼び、基本量のことを単位（units）と呼ぶが、大部分の数値は測定によって得られ、しかも数値には必ず単位が付き添っているということができる。

（野村良紀・中村吉伸『基礎化学』丸善出版、二〇〇四年）

〔例4改良例〕このような操作のことを測定（measurement）と呼び、基本量のことを単位（units）と呼ぶ。大部分の数値は測定によって得られ、しかも数値には必ず単位が付き添っているということができる。

例5　科学分野でよくあることだが、実験例（exampls）が示されていて、具体的な寸法や部品、製造方法が記載されている場合は、過去形を用いてその実験例が実際に行われたことを示す。

（ウィリアム・C・ローランド／時國滋夫他、『特許の英語表現文例集』講談社サイエンティフィック、二〇〇四年）

〔例5改良例〕実施例（exampls）が示されていて、具体的な寸法や部品、製造方法が記載されている場合は、過去形を用いてその実験例が実際に行われたことを示す。これは科学分野でよくあることだ。

例6　これも『倫理』論文を読んでいればよくあることなのであるが、原資料であるはずのフランクリンの『自伝』の頁をめくって直接丹念にその箇所を探すよりも、むしろ『倫理』論文中のそれに関係すると思われる部分を探す方が、手っ取り早い場合であることが多い。

（羽入辰郎『マックス・ヴェーバーの犯罪』ミネルヴァ書房、二〇〇二年）

第三の理由として、それが逆接なのか曖昧接続なのかを識別するために、読者が何度もその前後を読み返す必要が出てくることが挙げられる。

例7　彼は「スーパーマン」の主役として知られたが、九五年乗馬中の事故で脊髄を損傷して身体が不自由になってから後は、社会活動家として活躍、「車椅子のヒーロー」と呼ばれた。

（毎日新聞、二〇〇四年一〇月一二日朝刊）

改良例ともとの文とを比べてみれば、読者に負担をかけない文とはどういうものか、実感できるだろう。何となく後に続く「が」を用いないようにするだけで、文章全体が読みやすくなることもある。

その意味では、例1にも改良の余地がある。例1では、接続詞「が」をはさんで、一文で二つのことがらを述べている。これは「第三者に説明するための文章を書く時の原則」各論②「一文で複数の内容を述べない」に反している。次のように書き換えたほうがよい。

〈例1改良例〉　全速力で走り続けた。しかし、最終列車に乗り遅れてしまった。

接続助詞の「が」を使わないように心がけるべきである。それは一文を五〇字以内にする、一文で述べる内容は一つに絞る、文のヨジレを防ぐ、という基本的規則を守ることに役立つからである。

補足3　常体と敬体について

常体は、日本語における書きことばの基本的な文体である。一方、いわゆる敬体は、読者（読み手）に対する軽い敬意を表す文体である。ビジネス文書（社外文書）やエントリーシートなどを書く際には、敬体を用いることが多い（45ページ注参照）。

仕事の文章を書く際に、第一に留意すべきことは、いかに明確に「事実を伝えるか」である。筆者と読者との人間関係を、不必要に文章の中に持ち込むべきではない。

現在の国語教育の課程においては、常体で文章を書く訓練はあまり行われていないようである。筆者の受講生の大半が、高校までの国語教育を通じて常体の文章を書いたことがない、と述べている。そのためか、「常体で書け」という条件を与えられると、以下のような文章を書いてしまう場合がある。

文末に必要のない「のである」の例［線で消してある部分はすべていらない］

生まれてきた赤ん坊の脳は世界中の言語すべてに対応可能な状態になっている~~のである~~。つまり世界中の言語を聞き分ける能力をもっている~~のである~~。しかし、先天的に持っているこの能力は、まだ完璧ではない~~のである~~。成長の過程で、両親など周囲の人々が話す言語に脳が強化改良されるのである。外界から与えられる刺激によって理解をする~~のである~~。こうして人間が成長していく過程において、無意識の学習によって最初に身につけた言語を母語という~~のである~~。

文末の「のだ」は必要ない「のだ」例［線で消してある部分はすべていらない］

義経一行は、笛吹峠をとおり宮古に着いた~~のだ~~。宮古に着いたのは平泉を出発してから半年後のことだった~~のだ~~。現在、宮古には義経をまつった判官堂がある~~のだ~~。また、宮古には義経の家来であった人の子孫が暮らしているのだ。そのお宅には義経が書いたとされるお経まで伝わっているのだ。義経は宮古に三年三ヵ月滞在したのだ。しかし、頼朝の勢力が大きくなり危険が迫ったので、さらに北に逃れることになるのだ。

文の終わり方（文末）に迷った挙げ句、すべての文末に「のである」「のだ」を用いたのであろう。これは極端な例ではない。例年、受講生の一割以上が同様の文章を書く。「常体で書け」と言われて「どうやって文を終えたら良いのかわからない」と頭を抱える学生も多い。さらには、初めて常体で書いた課題を読み返して「偉そうな、威張っているような文章になってしまった」と感想を記した学生もいる。

常体は、書きことばの基本の文体だということを理解し、文末表現に注意しながら文章を書く訓練をすることが大切である。

注　「公用文作成の要領」（昭和二七年四月四日付け内閣閣甲第一六号内閣官房庁官通知）には、公用文の文体について以下のような言及がある。

公用文の文体は、原則として「である」体を用いる。ただし、公告・告示・掲示の類ならびに往復文書（通達・通知・供覧・回章・伺い・願い・届け・申請書・照会・回答・報告等を含む）の類はなるべく「ます」体を用いる。

目的に応じて、常体と敬体を書き分けることが求められている。

補足4　文末の「～思う」について

はっきりと言いきることにためらいがある場合、自分の意見に自信がない場合、つい「思う」を使う。その結果、例のように、文末のほとんどが「思う」になってしまう。できるだけ「思う」を用いないように、文末に工夫することが大切である。また、この点を意識しないでいると四百字程度の文章で、文末表現の大半が「思う」になる場合があるので注意が必要だ。

【例】

現在、国際社会の中で生きていくためには、母語以外に英語などといった二つ以上の言葉が必要だと思う。しかし、すべての国民が国際人になる必要はないと思う。言語の習得に得手・不得手がいるのだから、自分の能力に応じて学んでいくのが一番ベストだと思う。今の教育では、特に自分にとって他言語を学ぶのは苦痛でしかないと思う。自分は日本の狭い社会の中で生きていくつもりであるから、他言語は必要ないと思う。

【改良例】

現在、国際社会の中で生きていくためには、母語を含めて二つ以上の言語を習得する必要があるだろう。しかし、すべての国民が国際人になる必要はない。言語の習得に得手・不得手があるのだから、自分の能力に応じて学んでいくのが一番よいはずだ。また、私自身は日本の社会の中だけで生きていくつもりであるから、他の言語を身につける必要はないと考えている。

日本語には「思う」を用いなくても断定（言い切り）にならない文末表現がたくさんある。自分が好感を抱く人の文章の文末表現だけを抜き出すということも、練習の一つである。

なお、「思う」については、理論編5を参照のこと。

補足5　「非常に」「真の」など、形容のことばについて

本書では「事実の記述」を重視している。「事実の記述」に際しては、主観に依存する表現が混じらないように注意することが大切である。

例1　A液とB液を混合したところ、非常に速い反応が生じた。

例2　A液とB液を混合したところ、その五秒後に反応が生じた。

二文を比べれば、例1が「事実の記述」ではないことがわかるだろう。「非常に速い」と言われても、どの程度の速度なのか真偽の検証ができない。次の例も同様である。

例3　江橋節郎は、筋収縮にカルシウムイオンが絶対必要なことを発見した。（中略）この業績で教授に「二階級昇進」した（一九五九）江橋は、さらに激しく研究を進め、数々の重要な発見をする。

（藤田恒夫・牛木辰男『細胞紳士録』岩波書店（岩波新書）、二〇〇四年、158ページ）

「激しく」研究を進めるとは、何を意味するのだろうか。一日、二〇時間以上、研究室にこもって寝食を忘れて研究したという意味なのか。あるいは、もっと別の研究姿勢を意味するのか。「事実の記述」として示すためには、「どのように」研究を続けたのかについて、具体的に説明しなければならない。

「非常に」「大変」「真の」「すばらしい」などを用いると、その部分が強調できたような錯覚に陥りやすい。しかし、これは一種の思考停止・説明回避にあたる。どこまでも、ことばで説明する姿勢を崩すべきではない。

補足6　カタカナ外来語について

国立国語研究所外来語委員会は、二〇〇三年一一月から二〇〇六年三月にかけて四度にわたって「『外来語』言い換え提案（分かりにくい外来語を分かりやすくするための言葉遣いの工夫）」を発表した。

外来語委員会のホームページには、「利用の手引」と題して、提案の主旨・現代日本語における外来語使用の問題点などが述べられている。さらに「アーカイブ」「イノベーション」「インフォームドコンセント」「インフラ」「デフォルト」など言い換え提案をおこなった外来語についての具体的な説明がある。

参考　国立国語研究所外来語委員会 http://www.kokken.go.jp/public/gairaigo/

補足7　カタカナ語と関連した「プラスチック・ワード」について

カタカナ語と関連する興味深い本が最近、出版されたので紹介しておきたい。日本語の題名は『プラスチック・ワード』（ウヴェ・ペルクゼン著（糟谷啓介訳）、藤原書店、二〇〇七年）である。ただし、「プラスチック・ワード」より原著者がはじめの頃に使っていた「静かで穏やかな独裁制の言語」という表現の方が良いかもしれない。副題には「歴史を喪失したことばの蔓延」とあり、同書につけられた内容の紹介文は以下のようなものだ。

いま国境を越えて蔓延し、日常言語を犯しつつある、ある種のことばの集まり。科学言語のように歴史を欠き、権威はまとっているが内容は空虚、組み合わせが容易で文章を自在に生み出すが、具体的な文脈の中で意味を特定できない。経済、科学、行政の領域から浸透し、メディアや政治家のことば、われわれの日常会話までを静かに乗っ取りはじめている。

「プラスチック・ワード」として同書に取り挙げられているものから、筆者が適宜選択した代表例を以下に掲げた。いずれも具体的な何かを指すのではなく、漠然とした抽象的観念語であることが特徴である。

【アイデンティティ・コミュニケーション・情報・セクシュアリティ・インフォメーション・基本的ニーズ・ケア・コンタクト・ファクター・マネージメント・モデル・パートナー・プランニング・プロセス・プロジェクト・マテリアル・リソース・サービス・ソリューション・サブスタンス・システム・トレンド・関係性・機能】

これらの意味不明のことばの羅列によって、世界はいま静かに支配されているということだ。「プラスチック・ワード」は高度の抽象性によって適当に並べるだけで、いかにも、もったいぶった訳ありの文章のようなものを作りあげることができる。事実の記述も、調べるということもなしに、見かけだけは意見を言っているような文が作られる。同書を参考にして以下のような文章を作ったので、悪い典型として読んで欲しい。典型的な「プラスチック・ワード」のつながりでできた内容空疎な文の見本である。このような文章を書かないために、右記のような内容は乏しい観念的なカタカナ語（一部漢字の熟語も含む）を使わないで書く訓練を積むべきである。論理の発展なしに、最初と最後がけっきょく同じことの繰り返しになるのも内容空疎で、意味ありげな文章の特色である。

情報とはコミュニケーションである。コミュニケーションはインフォメーションを伴うサービスであり、人と人のコンタクトを発展させるプロセスでもある。このプロセスを進歩させるシステムにおいては、マネージメントする人間にアイデンティティを理解する能力が必要とされる。そのためには更なる情報をグローバルなファクターという観点から、世界とコンタクトして、このストラクチャーをより強化する必要がある。そのためには新たなリソースの機能を取り入れるための、よりグローバル化されたコミュニケーションである情報サービスを、サブシステムとして組み込まれたプロジェクトを構築せねばならない。それによって、情報とはコミュニケーションである、ということが明確になるだろう。

補足の補足として、明治のはじめ頃に新たに日本人が作り出した「漢語」について触れておく。漢語の一部には「プラスチック・ワード」と見なせるようなものがあるという意見もある（同書、訳者あとがき）。しかし、基本的に幕末から明治にかけて作られた翻訳語としての漢語は日本語の歴史の重みを背負っている。その点では、たんなる抽象語としての面のみが強い「プラスチック・ワード」とは異なる性質を持つというべきであろう。

補足8　引用について（引用のルール）→「引用の実例」については、119～121ページ参照。

他の人が書いた文章（著作物）を自分の文章に利用する場合、著作権者の許諾を得る必要がある。しかし、ルールに従った引用であれば、著作権者の許諾は必要ない。著作権法第三十二条一項には、引用について次のように言及している。

　公表された著作物は、引用して利用することができる。この場合において、その引用は、公正な慣行に合致するものであり、かつ、報道、批評、研究その他の引用の目的上正当な範囲内で行なわれるものでなければならない。

「公正な慣行に合致する」場合に限って引用を認めると理解することができる。では、「公正な慣行」とは何か。具体的には、次の四つの条件を守ることである。

引用のルール

1　自他の区別（自分の文章と他の人の著作物の区別）を明瞭にする。

どの部分が引用文であるのか明確に示す。引用文の長さによって、次のように区別する。

a　引用文が短い場合――「　」でくくる。

（例）著作権法三十二条第一項には「公表された著作物は、引用して利用することができる」と記している。

b　引用文が長い場合――引用文の直前で改行し、引用文全体を二字下げる。

（例）歴史と時間の関係について、岡田英弘は次のように述べている。

　歴史を考えるとすぐにぶつかる問題がある。それは、時間をどうやって認識するか、という問題だ。空間のほうは、視覚を通してかなりの程度カバーできるから、問題はすくないが、時間のほうは、直接認識することは、人間にはできない。

（岡田英弘『歴史とは何か』文藝春秋（文春新書）、二〇〇一年、一〇ページ）

2　引用文の出所（出典）を明示する。

読者が引用文の原典を確認できるよう配慮して、確実に記す。

a　書籍の場合──著者名・書名・出版社、刊行年（月）、引用ページ

（例）木下是雄『理科系の作文技術』中央公論社（中公新書）、一九八一年、一〇一ページ

b　雑誌論文の場合──著者名・論題・所収雑誌名、巻号、刊行年月、引用ページ

（例）友田好文「散る花と地震と」『科学』第六六巻一〇号、一九九六年一〇月、七二六ページ

c　インターネットの場合──サイトの概要・URL・参照年月日

（例）はじめての著作権講座（社団法人著作権情報センター）http://www.cric.or.jp/qa/hajime/hajime.html・参照年月日（二〇〇八年一月一五日）

3　引用文が、利用者の著作物全体の従属的範囲にとどまるように注意する。

「従属的範囲」の解釈が問題となる。慣行では、引用文の割合は文章（著作物）全体の三割以内におさめるようにするべきだ、とされている。

4　引用文を改変しない。

引用文の表現に誤りがあると判断できる場合でも、勝手にそれを変えてはいけない。誤りだと思われる部分に「ママ」と注記する。

（例）引用文の表現に誤りがあると判断できる場合でも、勝手にに《ママ》それを変えてはいけない。

2 べからず集

仕事の文章に慣れていない人は、「っていうか」・「けど」などの俗語表現を無意識のうちに多用する傾向が強い。くだけた話しことばと改まった書きことばは違うということを自覚し、書きことばの文体（仕事の文章）を身につけることが必要である。

以下に俗語表現の代表例とその言い換え例を一覧として示す。慣れるまでの間、仕事の文章を書くときは、いつもこの表を見る習慣をつけよう。

仕事の文章（論文・レポート・説明書など）では用いるべきでない表現の例

	こうは書かないで（くだけた俗語の表現）	こう書く（仕事の文章としての表現の一例）
1	小さいけど、全国規模で考えると	小さい。しかし…… ところが、全国規模で考えると
2	～である。でも……	～である。しかし…… ところが……
3	～っていう話を聞いて	～という話を聞いて

4	～である。だから……	～である。 それゆえ…… したがって…… そこで…… そのため…… （注1）
5	あと、 それと、 ……である。	なお、 さらに、 このほか、 また、 ……である。
6	ワープロだと簡単に修正できる。	ワープロを使えば、 ワープロを使用すれば、 簡単に修正できる。
7	やっぱり（やっぱ）同じである。	やはり同じである。（注2）
8	ちょっと……である。	少し……である。
9	雑誌とか新聞とかで読んだことがある。	雑誌や新聞で読んだことがある。（注3）
10	欧米なんかでは	欧米では（注3）
11	いまいちよくわからない。	あまりよくわからない。
12	なので、～ということがわかる。	それゆえ したがって ～ということがわかる。

13	~であった。結果、~となった。	~であった。その結果、~となった。
14	対して、~の場合~である。	それに対して、 これに対して、 ~の場合~である。
15	よって　~となる。	それによって したがって ~となる。

(注1)「だから」は、これから述べようとすることが、その前に述べたことの当然の論理上の帰結である場合に用いる接続詞である。最近、意味もなく使われる例が、一般にも諸君の解答にも多く見受けられるようになった。しかも、論理上の帰結がない場合に「だから~」と何となく続けてしまう場合が多い。何かというと「そして」を使って誤魔化す場合と同じ現象であろう。「だから」を用いたくなったら、「そのため」・「そこで」・「それゆえ」などと置き換えられないか、一度立ち止まって考えてみるとよい。

(注2)「やはり」は前提となる事実がないにも関わらず、強引に結論に結びつけるために用いる人が多い。事実の説明が明確にできていれば用いてもかまわない。

(注3)「とか」は、日常会話において「資料とかありますか?」のように用いられることが多い。この場合の「とか」は、ぼかし表現(曖昧表現)にあたる。例9では、新聞・雑誌という二つのものを繋ぐ働きをしているので「新聞や雑誌で」と改めている。しかしほとんどの場合は、「とか」は削除したほうがよい。例10の「なんか」も同様である。

3　字面の白さ

読み手に不必要な負担をかけないために、表記の面では「字面の白さ」を意識した文章作成を心がける必要がある。漢字含有率が三〇パーセント前後の文章が読みやすい文章だという意見もある。以下に漢字表記の割合を変えた二つの文章を示す（傍点は筆者が付けたものである）。

Ａ　一家を造営するには、先つ成る丈け水利よく、地面乾燥にして、凡て人身健康の為に相応したる吟味、且他家と相対して位置をよくし、又全く新き地所に数多の家を造るには、周囲の景色に支り無き様、其家の位置を定むるを以て最も肝要の事とす。

（『西洋家作雛形』明治文化全集第二十六巻科学篇所収）

Ｂ　一家を造営するには、まずなるだけ水利よく、地面乾燥にして、すべて人身健康のために相応したる吟味、かつ他家と相対して位置をよくし、またまったく新しき地所に数多の家を造るには、周囲の景色にさわりなきよう、その家の位置を定むるをもって最も肝要のこととす。

Ａは明治五（一八七二）年に刊行された書物からの引用である。Ｂは、Ａの傍点部の漢字をひらがなに改めたものである。ＡとＢをくらべれば、字面の白さが実感できるだろう。Ａにおいては、文章全体で漢字が占める割合（漢字含有率）が六〇パーセントを越えている。かつての日本においては、できるだけ漢字を用いることが書き手の教養を表すものと考えられていたためである。

現代では、副詞・接続詞・助詞・助動詞などは、かなで表記するのが通例である。しかし、文章を書くことに慣れていない人ほど、「事が無い」・「～の為に」・「～迄」など、漢字で表記したがる傾向が強い。とりわけワープロソフトを用いて文章を作成すると漢字含有率が高くなる傾向が強い。たとえば、漢字を多く使って本書「はじめに」五行目以降を書いてみると次のようになる。

　文章では世界の全てを表せない。文章は世界の一部を捉える事しか出来ない。併し、文章でしか人に伝えられない事が多くある事も確かだ。

　現代の電子技術に拠って、文章以外の様々な方法で人と人が繋がれる様になった。文章の役割は減少したかに見える。然し、紙の消費量は却って増加して要る。社会の或る部分では、文章に拠る伝達の機会は増えていると言う見方も出来る。

もとの文章では傍点部はすべてひらがなであった。言い換えれば、右の例の傍点部が不必要に漢字を用いた箇所にあたる。読者が読みやすいかどうかを考えた場合、「字面の白さ」を意識した文章作成を心がけることが大切である。

漢字とかなの使い分けに関する指針として「公用文における漢字使用等について」（平成二二年一一月三〇日内閣訓令第一号）がある。その原則を以下に示しておく。

参考　文化庁常用漢字表の内閣告示等について http://www.bunka.go.jp/kokugo_nihongo/jyoyokanji_kokuji.html

【かな書きが一般的なことば】

① 代名詞はかな書きする。

（例）ぼく　あなた　あれ　これ　それ　だれ　どれ　ここ　そこ

＊ただし、私　彼　彼女は漢字で書く。

②　形式名詞はかな書きする。

（例）うち　ため　こと　とき　ところ　はず　ふう　ほど　もの　わけ

③　接続詞はかな書きする。

（例）あるいは　および　しかし　したがって　すなわち　そのうえ　ただし
ところが　なお

④　助動詞・助詞は、かな書きする。

（例）ごとき（ごとし）　そうだ　べき（べし）
くらい（ぐらい）　だけ　ながら　など　ばかり　ほど

⑤　補助的に用いられる用言は、かな書きする。

（例）ある　いる　なる　できる　てあげる　ていく　ていただく　ておく
てください　てくる　てしまう　てみる（動詞）
ない　てよい　かもしれない　すぎない（形容詞）

⑥　接頭語・接尾語は、かな書きする。

（例）お願い　ご依頼　み心　うち消す　かき消す
子供ら　若者たち　六時間ごと　淋しげ

⑦　感動詞は、かな書きする。

（例）ああ　あら　いえ

⑧ 連体詞は、かな書きする。

（例）ある　あの　この　きたる

⑨ 副詞は、かな書きする。

（例）あくまで　いよいよ　おおよそ　かなり　くれぐれ　こもごも　さほど　すぐ
しばしば　たまたま　とにかく　なかなか　ほぼ　もはや　よほど

右のうちで、字面の白さを保つために注意すべき例を、表として以下に示す。

【漢字とかなの使い分け】

	一般的な表記	漢字表記の例（避けるべき例）
うち	今のうちに答えてください	今の内に答えてください
こと	許可しないことがある	許可しない事がある
ため	君のためにならない	君の為にならない
とおり	次のとおりである	次の通りである
とき	事故のときは連絡する	事故の時は連絡する
ところ	現在のところ差し支えない	現在の所差し支えない
とも	説明するとともに意見を聞く	説明すると共に意見を聞く
はず	そんなはずはない	そんな筈はない
ほか	特別の場合を除くほか	特別の場合を除く他
もの	正しいものと認める	正しい物と認める

ゆえ	一部の反対のゆえにはかどらない	一部の反対の故にはかどらない
わけ	賛成するわけにはいかない	賛成する訳には行かない
ある	その点に問題がある	その点に問題が有る
いる	ここに関係者がいる	ここに関係者が居る
なる	合計すると一万円になる	合計すると一万円に成る
できる	だれでも利用ができる	だれでも利用が出来る
～てあげる	図書を貸してあげる	図書を貸して上げる
～ていく	負担が増えていく	負担が増えて行く
～ていただく	報告していただく	報告して戴く（頂く）
～ておく	通知しておく	通知して置く
～してください	問題点を話してください	問題点を話して下さい
～てくる	寒くなってくる	寒くなって来る
～てしまう	書いてしまう	書いて仕舞う
～みる	考えてみる	考えて見る
ない	欠点がない	欠点が無い
～てよい	連絡してよい	連絡して良い
～かもしれない	間違いかもしれない	間違いかも知れない
～という（こと）	～ということ	～と言うこと
～にすぎない	調査だけにすぎない	調査だけに過ぎない
～について	これについて考慮する	これに就いて考慮する
～のような	～のような場合	～の様な場合

漢字とかなの使い分けは、大切な情報を際立たせることにも役立つ。基本原則は以下の二点である。

① 音読みする漢字の熟語（字音語）は漢字で書く。↑ 同音異義語が識別できる。

② 形式名詞（こと・もの・もとetc）・補助動詞など、実質的な意味を持たないことばは、ひらがなで書く（58・59ページ表参照）。

例　じっけん（実験／実検／実見／実権）のかてい（過程／課程／仮定／家庭）をせつめい（説明）するために、注意すること

〈**補足**〉

新聞や雑誌などでは、例のように熟語の一部分をひらがなで表記する「まぜ書き」が用いられることがある。これは常用漢字の制限によるもので、最近では見直しの機運が出ている。

○「脆弱」　×「ぜい弱」

○「炭疽菌」　×「炭そ菌」

○「財政逼迫」　×「財政ひっ迫」

4 よくない文を直す

①典型的な例　［傍線部はすべて問題の箇所である］

私は、ア分節ということばを初めて聞いたけど、イふだん何気にウ使っていることばにも様々な文化的背景があり、ことばとは奥が深いエことに驚きました。オ

ア　日本語の文章では、特別な場合を除いて「私は～」と書く必要はない。

イ　「べからず集」に載せた俗語表現にあたる。しかも右の例の場合は、曖昧接続のはたらきをしている。ここに「けど」とあることで文がヨジレている。

ウ　明らかな誤用である。「何気なく」が正しい。

エ・オ　「奥が深い」「驚いた」など、便利な逃げ口上・感情表現に寄りかからないで説明することが大切である。

②思いついたことをダラダラと書き連ねた例

ここからは僕の予想ですけど、やはりこの時代は全く同一の壷を作るのは困難だと思う。というより不可能だと思うし、松明の合図で同じ瞬間に水の調節は無理だと思うから、二つの壷に差が生じると思う。だからたぶん棒の区画はかなり大きいものであったと思う。それは棒の区画が大きければ大きいほど、二つの壷をカバ

ーできるから、より正確に通信できると思うからです。

【改良例】

以下は私の意見である。当時は全く同一の壺を作るのは困難だった、というより不可能だったのではないだろうか。それゆえ、松明の合図で同じ瞬間に水を調節することは無理であり、二つの壺で差が生じたに違いない。そういう点から推測すると、棒の区切りをかなり大きくする必要があっただろう。その理由は、区切り線の差が大きければ大きいほど二つの壺の容積の差を解消でき、より正確に通信できるからだ。

③ 連体修飾語が長すぎる例

a壇ノ浦合戦は潮流によって決着がついたという一般には常識とされている説がある。黒板勝美博士が述べた説は最高八ノットにも達する潮流が、午前と午後とで逆になり、それにより源平の有利不利が逆転したというもの（連体止めは用いない）。**b**この説の後、荒川英俊氏の潮流の速さは八ノットというものではなかった、さらには金指正三氏の潮流の影響はそれほど大きくなく漕ぎ手を倒すという奇襲がうまくいったため勝負がついたという批判もないではなかった（二重否定は用いない）。しかし、潮流によって勝負の行方が左右されたという基本的な考え方までは否定されていない。

傍線部aは「説」を修飾している。また傍線部bは「批判」にかかる。しかも二つの説が混在して「批判」を修飾しており、一度読んだだけでは文意をとりにくい。修正例と比べてほしい。一度読んで理解できる文章が、読者に負担をかけない文章である。そのためには、日本語の文章では、連体修飾語はできるだけ短くするよう工夫すべきである。

【修正例】

一般に常識とされている説は、壇ノ浦合戦は潮流によって決着がついたというものである。この説を提唱したのは黒板勝美博士である。博士は、最高八ノットにも達する潮流が午前と午後とで逆になり、それにより源平の形勢が逆転したと主張した。

この黒板説に対して、いくつかの批判もあった。まず荒川秀俊氏は、当日の潮流の速さは、〇・六ノットに過ぎなかったと述べた。一方、金指正三氏は、潮流の影響はきわめて小さく、漕ぎ手を倒すという奇襲がうまくいったため勝負がついたと述べた。しかし、潮流によって勝負の行方が左右されたという基本的な考え方までは否定されていない。

④文章全体を修正した例

以下の文章は、文学部の一年生が「源氏物語若紫の場面の伝統の講演会を聞いて」と題して書いたものである。全体としてよく書けているが、問題点も多い。傍線部アからスに注目して、どのように直せばよいか考えながら読んでみよう。最後に修正例を示す。

私はア６月２日に伊井春樹先生の「源氏物語若紫の場面の伝統」と言うイ講演を聴いて、源氏物語に今まで以上の興味を持つと共に、源氏物語の奥深さウを思い知らされ、驚かされたエ。

源氏物語の魅力は物語にだけではなく、現存する数多くの絵にも存在する。そこで物語と絵を合わせて見てみると、とてもオ面白いことに気付くのだカ。例えば光源氏と惟光が若紫のいる僧房を覗き見している場面に注目してみよう。若紫が「雀の子を犬君が逃がしてしまった」と、顔を真っ赤にして尼君に伝えるところであるが、キ物語だけを読むと尼君やその話を聴いていた光源氏と惟光は雀が逃げるのを見ていないことが分かる。それを見ていたのは犬君と若紫だけなのだ。ところが『源氏綱目』を始めとする多くの絵を見ると、全ての人がその場面を見ているではないか。これは一体どういうことなのだろうか。ク
これは『異時同図法』ケと言う表現の仕方である。詳しく説明すると、コ物語は次々に場面が変わるために、事細かにそれぞれを絵にすることは不可能である。そこで使われるのがこの『異時同図法』サ。違う場面・違う空間・時間の差を同一平面上で表すのである。これで若紫と犬君しか見ていない雀の逃げる場面を、尼君を始めとする多くの人があたかも一緒に見ていたかのように描かれているのかが納得がいくだろう。
私は今回の講演を聴くまで、絵の持つ大きな意味や物語との関連性を知らなかった。これを知っているだけで、全く違った別の源氏物語の世界シが見えてくるだろう。千年という長い間受けつがれてきたからこそ、このような表現も生まれたのだ。千年、そこには一言では決して言い尽くせない歴史が存在するのである。ス

ア「私は」はいらない。通常、筆者を示す一人称（「私」・「僕」など）は用いない。
イ　仮名で書くほうがよい（58ページ【漢字とかなの使い分け】参照）。
ウ「奥深さ」は便利な表現だが、何も説明していないのと同然だと心得るべきである。
エ　感情表現はできるだけ避ける。
オ　ややくだけた表現にあたる。また、このような強調のことばは用いない方がよい。
カ　文末の「のだ」は不要な場合が多い。スの文末「のである」も同様である。
キ　曖昧接続の「が」にあたる。文がヨジレている。
ク　自問自答はできるだけ避けるのが原則である。
ケ『』は一般に書名に用いる。ここでは「」のほうがふさわしい。

コ　このように書き出すと、文のヨジレの原因になりやすい。
サ　連体止めをしない。
シ・ス　ウの「奥深さ」と同様である。「全く違った源氏物語」とは何か、「言い尽くせない歴史」とは何か、説明できないことを巧みにごまかしているにすぎない。

以下に修正例を示す。参考のために、もとの文章を下段に示した。なお、途中の空白は、上下を対応させるために生じたもので、省略によるものではない。

【修正した文章】

六月二日に行われた伊井春樹先生の講演「源氏物語若紫の場面の伝統」を聴いて、絵の持つ大きな意味や物語との関連性に興味を持った。

『源氏物語』の魅力は物語本文だけではなく、現存する数多くの絵にも存在する。そこで物語と絵を合わせて見てみると、興味深いことに気付く。例として、光源氏と惟光が若紫のいる僧房を覗き見している場面に注目してみる。光源氏に見えているのは、尼君ともうひとりの女性だけである。そこに若紫がやってきて「雀の子を犬君が逃がしてしまった」と、顔を真っ赤にして尼君に訴える。物語だけを読むと、雀が逃げるのを見ていたのは若紫と犬君だけで、

【もとの文章】

私は（ア）6月2日に伊井春樹先生の「源氏物語若紫の場面の伝統」と言う（イ）講演を聴いて、源氏物語に今まで以上の興味を持つと共に、源氏物語の奥深さ（ウ）を思い知らされ、驚かされた（エ）。源氏物語の魅力は物語にだけではなく、現存する数多くの絵にも存在する。そこで物語と絵を合わせて見てみると、とても（オ）面白いことに気付くのだ（カ）。例えば光源氏と惟光が若紫のいる僧房を覗き見している場面に注目してみよう。若紫が「雀の子を犬君が逃がしてしまった」と、顔を真っ赤にして尼君に伝えるところであるが（キ）、物語だけを読むと尼君やその話を聴いていた光源氏と惟光は雀が逃げるのを見ていないことが分かる。それを見ていたのは犬君と

尼君も、その話を外で聴いている光源氏と惟光も、それを見ていないことがわかる。ところが『源氏綱目』を始めとする多くの絵では、全ての人が逃げる雀を見ているように描かれている。

　このような違いが生じたのは、絵が「異時同図法」に基づいて描かれているためである。「異時同図法」とは、違う場面・違う空間・時間の差を同一平面上で表すことをいう。物語は次々に場面が変わり、事細かにそれぞれを絵にすることは不可能であるため、「異時同図法」が利用される。これで若紫と犬君しか見ていない雀の逃げる場面を、尼君を始めとする多くの人があたかも一緒に見ていたかのように描かれている理由がわかる。

　「異時同図法」を通じて、物語と絵それぞれの表現の特色について考えさせられた。物語の主役は文章だけではない。絵を通して『源氏物語』の世界を楽しんでいた人々もいた。絵を用いることの相乗効果によって、一層物語の魅力が増すということが分かった。

若紫だけなのだ。ところが『源氏綱目』を始めとする多くの絵を見ると、全ての人がその場面を見ているではないか。これは一体どういうことなのだろうかク。

　これは『異時同図法ケ』と言う表現の仕方である。詳しく説明するとコ、物語は次々に場面が変わるために、事細かにそれぞれを絵にすることは不可能である。そこで使われるのがこの『異時同図法サ』。違う場面・違う空間・時間の差を同一平面上で表すのである。これで若紫と犬君しか見ていない雀の逃げる場面を、尼君を始めとする多くの人があたかも一緒に見ていたかのように描かれているのかが納得がいくだろう。

　私は今回の講演を聴くまで、絵の持つ大きな意味や物語との関連性を知らなかった。これを知っているだけで、全く違った別の源氏物語の世界シが見えてくるだろう。千年という長い間受けつがれてきたからこそ、このような表現も生まれたのだ。千年、そこには一言では決して言い尽くせない歴史が存在するのであるス。

◇練習問題◇

次の文章を読んで、後の設問に答えよ。

設問 A くだけた俗語表現にあたる部分を○で囲んで示せ。

B Aで指摘した部分を書き改めよ。

C 「第三者に伝えるための文章を書くときの原則」に反する箇所を指摘し、書き改めよ。

関ケ原の合戦後、新領主として土佐に入った山内一豊は、入国直後より大高坂に新城を築き、慶長八（一六〇三）年、浦戸（現高知市浦戸）より入城、以後高知は土佐一国を管轄する山内氏の城下町として幕末まで続いた。

その高知市の中央の高台に威風堂々とそびえる高知城の真下が追手筋の大通りで、そこは南国情緒たっぷりにフェニックスの並木が続いてて、車道と歩道で分けられている。大通りから城の追手門に向かって左側の歩道には毎週日曜日、名物の「日曜市」が立つ。えんえんと一キロ余りに六〇〇軒が左右に並び、それはそれは壮観である。

我が輩は、この日曜市が大好きで、高知市で仕事が終わっても土曜日には帰らず、日曜市で美味いものをたんまり仕込み、それを抱えて飛行機に乗るのが常である。いつも貪欲《どんよく》な胃袋を持つ身の我が輩としては、激忙の最中《さなか》とてこのような好機は絶対に逃さないのが信条である。

特にこの市でうれしいのは、一日中開いていることで、前夜ちょっと飲み過ぎて寝坊してても待っててくれる。追手門に向かって手前の方は主として食料品露店がぎっしり並び、門に近い方は盆栽とか衣料品とかが多い。しかしその間合い間合いに、子供のおもちゃを売っていたり、骨董品が売られていたり、ところどころにそういうアクセントのような露店があるのも楽しいものである。

さて、我が輩のお目当てはもちろん食べ物であるが、露店の数や品数があまりに多いので目移りしてしまって、なかなか足が進まない。「こっちの店よりそっちの店の方が安いようだ」とか「そっちの店よりあっちの店の方がうまそうだ」とか涎（よだれ）垂らしながら考え歩いていると、牛の歩みにブレーキをかけたぐらい遅くなる始末だ。

食料品で特に目立つのは野菜と果物で、新鮮にして鮮やかな色をしたトマトやナス、ホウレンソウ、唐辛子、かんきつ類などが所狭しと並んでいる。また発酵させたサバ鮓《すし》も結構多くサンマやアジの干し物も至るところで売っている。おやおやにおってきたぞ、と思うと必ず出てくるのは漬物売りの露店で、その辺に強烈なにおいを放つ古漬け類が品数多く並べられている。豆腐や油揚げもあり、薬草も多種あり、カマボコ屋もあり、そして菓子屋もあるが、それらの食べ物は、大概売るおばちゃんたちの手作りだという。我が輩は先日、サンマの開き三枚とジャンボ油揚げ三枚、サバ鮓一本、真っ赤な唐辛子一束、立派なショウガ一袋を買って飛行機に乗った。家に戻ると三日間ぐらいは高知市の日曜市の思い出が続く。

（小泉武夫　東京農大教授）

（毎日新聞二〇〇三年九月三〇日東京朝刊から）

⑤ワープロソフトの活用

ワープロソフトを利用すると、文の入れ替え、細部の修正が簡単にできる。具体例を以下に示す。これに限らず、何度も読み返して「第三者に伝わりやすい文章」になるまで修正することが大切である。

【第一案】（文頭の番号は、第二案との比較のために便宜上付けたものである）

①「共通語」とは、「標準語」と内容は変わらない。②しかし、標準語には、標準語を話している人が正しく、方言を話す人は間違っているという意味が入る。③つまり差別的要素が入る。④共通語は、人工的に作り出されたことばである。⑤その元は東京山の手地域のことばだ。⑥また共通語は公用語とも呼ばれる。

【第二案】（第一案の文の順序を入れ替え、加筆修正したものである）

④日本における共通語は、明治政府によって、人工的に作り出されたことばである。⑤その元になっているのは、東京山の手地域のことばだ。①「共通語」は、制定当初には「標準語」と呼ばれていた。②しかし、標準語という呼称には、標準語を話している人が正しく、方言を話す人は間違っているという価値判断が入る。③つまり差別的要素が入る。そこで、最近では標準語ではなく共通語と呼ばれるようになった。

※傍線は追加した部分　※波線は表現を改めた部分

さらに、修正機能を活用すると、一文の長さ、文体の統一、誤字脱字の検索などが、簡単にできる。便利な筆記用具として、ワープロソフトを使いこなせるようにして欲しい。

5 用紙の用い方

A 手書きの場合（140～144ページの「手書きの実例」参照）

字数が明確になる、読みやすい、などの理由から原稿用紙を用いるのが一般的である。

【原稿用紙の用い方】

①本文の書き出しは一字空ける。

②段落が変わるときには改行し、行頭を一字空ける。
　文が終わるたびに改行してはいけない。

③一マスに一字ずつ記入する。
拗音（きゃ・しゃ）や促音（っ）にも一マス使う。

④『、。？ などの記号にも一マス使う。

⑤算用数字・アルファベットの小文字は一マスに二字ずつ入れる。

⑥、。」』）は、行のはじめに書かない。
　、。は前行の最後の文字と同じマスに入れる。
　」』は最後の文字と同じマスに入れるか欄外に書くかする。

⑦ダッシ（――）・リーダー（……）は二字分とみなして二マスに書く。

⑧。と」』などがつづく場合には、一マスにまとめて書く。

B　ワープロソフトを使用する場合

【印刷用紙】

Ａ４用紙（白無地）が一般的である。

正式文書（提出用）に、反故《ほご》（書き損じの紙・何かを書いた紙の裏）を用いない。

一行字数が明確なので、原稿用紙および原稿用紙の罫《けい》を用いた書式で印字する必要はない。

　原稿用紙や罫線入りの用紙に印字するとかえって読みにくくなる。

【文字の大きさ】

10〜12ポイント程度（不必要に大きくしてはいけない）

【フォント（字体）】

明朝体が一般的である。**ゴチック体**に比べて、読みやすく眼が疲れにくい、という特徴がある。

本文には、**ゴチック体**（この字体）は用いない方がよい。

【書式設定】

漢字かな交じり文で縦書きの場合、字間はできるだけ小さく（例えば「一太郎」の設定では字間０字あるいは０パーセント）、行間は一行より少なめ（行間３分の２行あるいは70パーセントぐらい）が読みやすい。本書の本文は字間０ミリ、行間３・25ミリの設定である。横書きの場合は付録（電子メール）参照。

　ワード、一太郎など、使用ソフトによって条件が異なるので、説明書に従う。

　ワード・パッド（メモ帳）は、提出用文書作成には不向きである。

6 文章における事実と論理

事実を説明することが、見知らぬ他者に対して論理を展開するための基礎であることを示したい。

文章における論理とは、頭の中で漠然《ばくぜん》と考えるものではない。事実の積み重ねから生まれるものだ。ここでいう事実には知識や経験の積み重ねも含まれる。「書けるはずだけれども、考えがまとまらないから書けない」という言い訳をよく聞く。しかし、それは考えをまとめるための「事実」が不足しているからに過ぎない。自分の中に事実や知識や経験が十分にあれば、それを組み合わせることで文章の基本は自《おの》ずとできあがる。後はそれらをどのように組み合わせれば、他者にわかりやすい説明になるかという、構成の問題だ。具体的な事実を並べる順序の問題となる。さらには、どこを捨てればいいかということにもつながる。「構成」（「順序」）や「捨て方」全体が論理である。

そこにたどり着くためには、多くの事実の積み重ねがまず必要なのだ。極端なことを言えば、材料が集まっていれば、文章はなかば書けたことになる。後はそこから必要な部分を集めるだけだ。では、不必要な部分は無駄であったかというと、そうではない。多くあるから選び出せるので、初めから必要な部分だけを見つけることはできない。わかりやすい文章を書く基本の一つは、多くの具体的事実や材料から説明することだ。「一〇分の一ルール」（具体例を十ぐらい集めて初めて論点が一つできる）とか「一〇〇分の一ルール」（一〇〇の材料から書けることは一つぐらいのものだ）とか「材料はたくさん集めてたくさん捨てろ」などがある。（注1）共通していえるのは文章は「思いつき」では書けないということだ。書く以前の仕込みの量がものをいう。仕込まれた材料が不足したところからは、考えも文章も生まれはしない。経験や調べた材料が十分にあって、他者に対して説明できる知識となっていることが第一だ。ついでながら述べておくと、次の第Ⅲ部演習編で「調べる」課題が多いのは、実際に諸君が材料を集めることから始めて、書くことを学んでもらうためだ。手抜きをして「事実」に基づく材料を多く集めることを怠ると課題はできない。

以下では増田彰久氏の文章を具体的に挙げながら、先に述べた考えを説明する。二段組みの上段には増田氏の本文を掲げ、下段で補足と解説をする。最後に、氏の文章の後半部分を修正した例も示す。相手に負担をかけずに分かるような説明の仕方の実例として、読んで欲しい。

増田氏の経歴の概略を述べておきたい。著者の経歴は文章を読むときには本来必要ないものだ。しかし、あえて触れておくのは、氏の写真と建築についての豊富な経験と知識が論理と文章を書く基礎になっていることを、まず知っていて欲しいからだ。

増田彰久氏は一九三九年生まれ、高校時代から写真に興味を持ち、写真雑誌に何回も入選し写真の道に進もうとした。大学時代には専門的に写真を学び、建築写真家を志し、卒業後も建築写真を撮り続けようとした。しかし、プロの建築写真家を目指さず、建設会社の広報の仕事で多少写真とは関係しながらも、サラリーマンとして定年まで送った人である。休みの日に自分の興味を引く建築の写真を撮り続け、明治以降の西洋館の写真にとくに興味を持った。さらに一九六七（昭和四二）年からは大学で建築技術史を研究していた村松貞次郎氏の研究室に出入りし、独学で建築のことを学んだ。当時の日本は高度成長のまっただ中で、古い建物を研究したがる学生などほとんどいなかったので、増田氏は村松氏に付き従い各地を巡り、建築写真を数多く撮った。個人的に建築の講義を受けて広い知識を得た上、取材の仕方も学ぶこともできたという。増田氏によると写真で記録に残しておきたい明治以降の西洋館は一五〇〇ほどあるという。その時以来今日まで三十数年間に撮った建物は、その内の一二〇〇に上る。氏は現在写真事務所を主宰し、会社在職中の一九七一年から今日までに出版した写真集は二〇冊以上になる。

このような経歴から、感傷的な回顧録や感想も書くことはできる。そういう風に書かれて感動を与えるものを、世間では良い文章だという。しかし、増田氏は写真や建築の専門家ではない他者に向かって、わかりやすい説明となる文章を書いている。こういう文章こそが名文なのだ。

本文の前に、増田氏の建築に対する考えがよく出ている一節を引いておく。「建築写真の見方、読み方」（『写真な建築』白揚社、二〇〇二年、所収）からの引用である。この続きの部分をこの章の最後に掲げるので、あわせて読んで欲しい。

建築には大きく分けて二種類しかない。ある人からそう聞いたことがある。一つは神のための建築であり、もう一つは人間のためのものである。そして、建築のほとんどは人間のために作られている。人間が住んだり、利用したりする場所であるから、建築を撮った写真はそこに人間が存在することで生まれる空気をとらえていなければならない。これは、自分の表現意欲や技術を極力抑えて、建物の目的や機能、建物自体の特徴を大切にするということである。写真家によっては、建物をオブジェにして捉えて作品にする人もいるが、ぼくとしてはその建物を使う人たちの思いや生活する空気感を捉え、そこに建築家の意図を浮かび上がらせていきたい。撮る対象に対する思いやりや尊敬の念は、必ず写真に現れるものだ。

「撮る対象に対する思いやりや尊敬の念」という「思い」があれば、その対象についての文章が書けるわけではない。それが長年の建築と写真への知識と経験の積み重ねを生み、材料になって初めて、わかりやすい文章になる。以下の増田氏の文章の前半部分がその好例である。

モノはどうして見えるのかというと、モノに光が当たり反射して、はじめてそのモノが確認できる。光がないと見えないし、当然、写真にも写らない。最近は目より明るいレンズが開発されているので、そんなことはないと言う人もいるが、基本的にはむずかしい。写真と目の違いは大きい。目は見たいところだけに瞬時にピントを合わせ、明るさを調整してくれる。写真も進んできてはいるが、そうはいかない。ピントや露出はオートになったが、問題は画面上でのコントラストである。ポジのカラーフィルムの場合は、再現できる許容量、いわゆるラチチュードの幅が狭い。明るいところと暗いところの差が三倍を超えると、もう明暗のどちらかが再現できない。つまり、露出がオーバーで白く飛んでしまうか、不足で黒くつぶれてしまう。

そこで写真家はどうしているかというと、明るいところは光を押さえ、暗い部分には光を当ててやる。そうすることでフィルム許容範囲内に収め、明暗をコントロールして撮影する。あるいは、再現できる範囲内で作画するかである。

建築写真では被写体である建物は「不動産」というぐらいだから、人物や自動車などを撮るときのようにスタジオや郊外に移動させることはできない。あたりまえだが、自然光である太陽とニラメッコでの撮影となる。外観では、こ

76頁の＊印手前までは事実のみを積み重ねることによって、論理を生み、説明している。

「ラチチュード」というような専門用語をうまく説明している例。

写真家としての経験からの事実に基づいた論理である。

この壁に光が当たるまで待つとか、インテリアでは、このカットは日が差し込まないときにとか、その場その場で最も適した光が来るまでじっと待つしかない。その一瞬を捉えるのである。ほとんど釣り人のような気持ちで、気長にのんびりと待つしかない。

ぼくの場合、自分の思った色がストレートに出るポジフィルムで撮ることが多い。ネガだと、プリントのときどうしても人の手が入るので、自分が考えている色を再現してもらうのがむずかしい。それとぼくの場合は最終的に写真を本にして多くの人々に見てもらいたいので、どうしても印刷向きのポジで取ることが多いのである。

人間の目だと、瞬時に絞りを変化させてものを見ることができる。それと、光には色温度があって、昼間の太陽だと五五〇〇ケルビン、アイランプなどの人工光は三二〇〇ケルビンである。人間の目はこれも瞬間に見分け、色温度を調整して正しい色で見せてくれる。しかし、フィルムはやはりそこまで器用ではないから、昼光用と人工光用の二種が売られている。それで写真家はどうしているかというと、撮影のつど色温度に合ったフィルムを選び、いくつかのフィルターで色温度を調整して撮るようにしている。良くある例だが、デイライトフィルム（昼光用）で蛍光灯の部屋を写すと、全体にグリーンがかぶった写真になる。この場合は、グリーンの補色であるマゼンタのフィルターをかけて消す。人間の目は部屋でも緑を感じないが、これも瞬時に色補正して見ているのである。

*

この節の最後の方に動物の生態を撮る写真家の話が出てくるので、比べて読んで欲しい。

この場合は自分の経験は最後に持ってきている。ここまでの論旨を説明する例ではないからだ。

写真についての事実に関する知識を組み合わせ、人の目とフィルムの違いを「論理」的に説明している。

写真家としての経験を単に個人の枠や勘ではなく、一般に通用できる「論理」として説明している。

これ以降を修正した例を後に示す。

フィルムと人の目は違うということは、人の目に近い、見たままを写真に撮ることもできるが、その反対にテクニックで現実とまったく違うように表現することも可能だ、ということでもある。

そもそも、建築を写真で伝えるというのはむずかしい作業である、それには、写真の限界ということもある。写真がこれまでどんなことをやってきたかというと、美しいものはより美しく、大きいものはより大きく撮るというのが、写真誕生以来のいわば宿命だった。何でもプラスで伝えてしまうのである。

ところが歴史に残る写真というと、「つまらないものを良く撮っている」というところがどうもありそうな気がする。バカげたものをやたら面白く撮ったり、古くて汚れたものを明るくきれいに撮ったり、トタンみたいなペカペカのものでも重々しく立派に写したりする。写真には、どこをどう探しても醜いものは見当たらない。だから、写真で一番伝えにくいものは当然見る人に伝わらないはずで、建築の場合でも、そういう意味でどうしても写真で伝えられないものがいっぱいある。

建築に一歩足を踏み入れると、建物のほうから「さあ、ここを撮りなさい」と叫んでいたりする。そういうときは、「はいはい、じゃあここですね」と撮ればいい。これは簡単だが、逆に、行ってみたら「あれ、これはいったいどこを撮れっていうの?」というようなのもある。

写真家にとって一番重要なのは、この建物のここが面白い、これを伝えたいということであって、それを伝えるように撮らなくてはならない。おそらくう

一文が長すぎる。曖昧接続の「が」がある。

「二面性」という言葉でまず全体を示し、その後に説明を続ける。

「やってきたか」と「誕生以来」は同じことだから一つにまとめる。

「宿命」だけでは説明にならない。人々が写真に期待したこと、という風に説明する。

前段落のプラスという語をマイナスと組み合わせて説明をする方がわかりやすくなる。修正例参照。

「伝えにくい」を「伝わらない」としても同義反復で、説明不足であろう。

長年建築に親しんできた筆者だから言えることである。ここは、自己の経験を書いていて、それが個人にとどまらずに一般化できる話になっている。自己の狭い経験を一般化した良くない表現とは異なる。

修正例では「伝える相手」すなわち受け手という次元から説明する。送り手と受け手の関

まい下手よりも、その何かを伝えたいという気持ちが大事ではないか。建物も撮り方によって違ってくる。写真には伝えたいと思っても伝えられないものもあるし、伝えたくないものが伝わってしまうこともある。だから、ある建物の全体の雰囲気を、正確に伝えたいというときに、写真家は、ある部分をあえて撮らない、画面に入れないようにして撮る。それが逆に建築を正確に伝えることになったりもする。その辺が写真の面白いところではないだろうか。

　建物を写真で機械的にコピーしたからといって、それが建物そのものの姿だとは言えない。そこに写真家が介在する以上、その写真家がどこに興味をもって見たか、どういうふうにバランスがいいと思ったかといったことが、その写真には現れている。だから、写真はぼくがどういうところを見てきたというレポートであって、その写真を見た人がそこに行ったら、また違う見え方がするはずである。写真家に必要なのは、そういう見方、視点を作っていくことではないかなという気がする。

　で、それを作っていくうえで大事なのは、結局は「目」だと思う。今は誰でも写真を写せるけれど、プロの写真家に課せられているのは、被写体をどれだけうまく仕込み、それについて伝えたいことをどれだけもっているかということではないか。最後は好き嫌いの話になるのかも知れないけれど、建築を見て、自分で一番いいと思ったところを伝える。そしてその写真を見た人が、「うん、そうか、こんな見方もあったのか、いいね」と言うか言わないかで、すべては決まってしまうのである。

（『写真な建築』白揚社、二〇〇二年より）

係を明確にする。かなりの修正になっているので、よく読み比べてみること。

「見て欲しい」「見せない」という言葉に言い換えて説明する必要がある。修正例参照。

前の段落冒頭の「写真家」は「建築写真家」と限定しないと誤解を招く。

ここにも「受け手」という視点を付け加える。

「思う」はいらない。

歴史という視点から説明するべきである。修正例参照。

「最後は」から段落を変える。

建築写真と他の写真の違いを明確にして締めくくる。

以下に、後半部分の修正例を示す。太字になっていることばや傍線部分は、よりわかりやすい説明にするために筆者が付け加えた。

フィルムと人の目の違いには**二面性**がある。一方で、人の目に近い、見たままを写真に撮ることもできる面がある。その反面で、テクニックで現実とまったく違うように表現することも可能である。

そもそも、建築を写真で伝えるというのはむずかしい作業である。写真が、誕生以来これまでやってきたのは、美しいものはより美しく、大きいものはより大きく撮るということだった。何でもプラスで伝えてしまえるのが写真の特徴でもあり、人々が写真に期待してきたことであった。それが写真に与えられた宿命だともいえる。

ところが、歴史に残る写真には「つまらないものを良く撮っている」というところがあるようだ。バカげたものをやたら面白く撮ったり、古くて汚れたものを明るくきれいに撮ったり、トタンみたいなペカペカのものでも重々しく立派に写したりする。マイナスをプラスに変化させるのも写真の特徴になる。どこをどう探しても醜いものは見当たらないのが写真である。すべてをプラスに変えてしまうこともできる写真では、マイナスの部分は見る人に伝わりにくい。ここでいうマイナスとは、必ずしも悪いということではなく、すべてが同じ次元におかれてしまうということだ。写真家は自分が面白いと思ったところだけに、見る人に着目して欲しいと思う。しかし、見る人はすべてを見てしまう。建築の場合でも、そういう意味では写真はすべてを見せすぎる。

長年建築に親しんできたぼくのような写真家には次のような経験がある。建築に一歩足を踏み入れると、建物のほうから「さあ、ここを撮りなさい」と叫んでいたりする。そういうときは、「はいはい、じゃあここですね」と撮ればいい。これは簡単だが、逆に、行ってみたら「あれ、これはいったいどこを撮れっていうの?」というようなのもある。

建築写真家にとって一番重要なのは、この建物のここが面白い、つまり「ここを見て欲しい」ということである。しかも、それを**受け手**にわかるように撮らなくてはならない。むしろ、うまい下手よりも、その何かを受け手にわからせる意図が大事であろう。建物も撮り方によって違ってくる。写真家（**送り手**）が見て欲しいと思っても、見る人（**受け**

手）が無視する場合もあるし、見て欲しいと思ってもいなかったところに、**受け手**の目が釘付けになってしまうこともある。だから、ある建物の全体の雰囲気を、正確に伝えたいというときに、写真家は、ある部分をあえて撮らない、画面に入れないようにして撮る。**受け手**に余分な部分を見せないわけだ。それが逆に建築を正確に伝えることになったりもする。その辺が建築写真の面白いところではないだろうか。

建物を写真で機械的にコピーしたからといって、それが建物そのものの姿だとは言えない。そこに写真家が介在する以上、その写真家がどこに興味をもって見たか、どういうふうにバランスがいいと思ったかといったことが、その写真には現れている。だから、写真はぼくがどういうところを見てきたというレポートである。その写真を見た人がそこに行ったら、また違う見え方がするはずだ。写真家に必要なのは、そういう受け手の視点のための**枠組み**を作っていくことではないか。

結局は、その**枠組み**を作っていくうえで大事なのは、「目」なのである。今は誰でも写真を写せるけれど、プロの写真家に課せられているのは、被写体の建築物の良さを歴史的に残す「目」であろう。建築についての歴史的知識を持ち、建築の良さを**受け手**が発見できる**枠組み**をどのように作れるかということではないか。

最後は好き嫌いの話になるのかも知れない。しかし、建築写真には普通の芸術写真とは区別するべき部分がある。建築を見て、自分で一番いいと思ったところを**受け手**が発見できるような写真を撮る。その写真を見た人に「うん、そうか、こんな見方もあったのか、いいね」と言ってもらいたい。建築写真にも美という要素はある。しかし、単に美しいだけの芸術写真と建築写真には大きな違いがある。建築写真は、写真を通して**受け手**が自《おの》ずと建築そのものや建築の歴史に興味を持つようになることをも、一つの目的としていることだ。

いささか補足的に最後の二段落について述べておく。

建築物についての歴史や知識が建築写真家に必要なことは、増田氏には自明のことであり、あえて触れられなかったのであろう。最後の部分については、本来は増田氏のこの文章が収められている『写真な建築』すべてを読めば、判断できる部分もある。ここまで修正する必要はないかも知れない。しかし、本書がハンドブックであるという性格上、ここにある文章だけが独立して読まれても十分に理解できるような修正例を示した。引用した部分だけから論旨が判断できるように、増田氏の本全体を参考にして補足したことを申し添えておく。

最後に、74ページに示した文章の後で、増田氏が経験（つまりは事実に関する知識でもある）について興味深い発言をしているのを紹介しよう。動物写真家と建築写真家の似ている点ということで、知り合いの動物写真家の展覧会での次のような話を挙げている。

> 「よくこんな写真が撮れるね」とぼくが声をかけると、彼は「いや……簡単なことなんだよ」と言う。当然のことながら彼は動物の生態をよく知っていて、この辺りはこの頃になるとこうなって、そうすると何月の何日にあの動物がやってきてこんなことをすると、何もかもわかっていると言うのだ。だから、相手がいかにじっとしていないものでも、自分はそこでシャッター・チャンスを待つだけでいい。それで、知らない人が見たら千載一遇と思える「よくこんな瞬間が撮れたね」というような動物の生態写真を撮ることができるのだ、という話だった。

建築写真の場合には、一番良い光が射す太陽の位置になるまで釣り師のように待っているだけだと、増田氏が先の本文で言っていることにつながる。他者に説明できる経験の積み重ねは論理となり、他分野の多くの人々と共有できる知識ともなる。

さらに「歴史」という知識が建築写真には必要だということを加えて、氏は次のように文章を終わる。

　建築家にも建築作品にもそこに至るまでの歴史がある。その建築家の足どりをよく知っていれば、目の前にある建物についていろいろなことがわかってくる。その人の作品をずっと見てきたことによって、これはこの前のあの建物で使ったのと同じ手口だなとか、ほう、ここではこういう新しいことをやっているなとか気がつくようになる。そのあたりをていねいに見てキチンと撮ることによって、一人の建築家のなかに生まれた新しい流れや動きを捉えることができる。そうすれば、その写真は、多くの人にその建築の良さを伝えることができたといえる。（中略）

　ぼくにとっての理想的な建築写真というものは、次のようなものだ。写真を見ていて、建築を見ているのか写真を見ているのかわからなくなる。知らないうちに建物の中に入り込んでしまったような体験をさせる写真である。見る人がそんな経験をしたあとで、ああそうだ、あれは増田が撮った写真だったんだと気がついてくれるような、そんな写真が理想かなと思って撮っている。写真はあくまで二次元の平面でしかない。が、けっしてそんなふうに思わせない、三次元の空間も感じ取れれば、第四次元の時間も流れているような、そんな写真が撮れたらいいなと思っている。

「それまで一度も足を踏み入れたことのない空間、今後もたぶん訪れることがないであろう空間を、写真のおかげで体験することができた」と写真を見た人が言ってくれればいい。建築写真を撮っているぼくがやりたいこと、心がけていることはそういうことである。もしそんな言葉が聞けたら、これ以上気持ちのいいことはない。

注

（1）清水幾太郎『論文の書き方』岩波書店（岩波新書）、一九九五年。
板坂元『考える技術・書く技術』（正・続）、講談社（講談社現代新書）、一九七三年。

7 書くときの教訓九カ条

① 一文を短く直すことはあっても、長く直すことはない。

a 長い文になるのは考えがまとまらないままダラダラと書いているからだ。

b 長すぎる文は、たいていの場合二つ以上の文に分割できる。

c 長すぎる文には、曖昧接続の「が」が混入していることが多い。

② 短い分量を水増ししてはいけない。

a 同じことの繰り返しになりやすい。

b 制限字数の倍以上書いて、制限字数まで削るつもりで書く。

③ 起承転結・序破急という文学的技法はいらない。

これらは、読む人を驚かせたり感心させたりするテクニックで、自己陶酔の一種だ。

④ 「上手に書こう」「かっこよく書こう」とするな。

a うまい文章は必要ない。読む側にわかりやすく説明するのが文章の第一条件だ。

b 自分に陶酔してはいけない。相手がいることを忘れるな。

⑤ 相手にとって、誤解のないように説明できることを目標とせよ。

⑥ わかりやすい表現とは具体的事実に基づいた説明から生まれる。

⑦ 文章をたくさん読むことが、わかりやすい文章を書くことにつながる。

a　詩や小説は、一〇〇冊で一冊に当たると考える。実用書や週刊誌の記事は数に入らない。

b　諸君にとっての目標は年間五〇冊。

⑧　書き終わったあとで、点検項目（145ページ「自己点検表」参照）を念頭において必ず音読してみる。

a　黙読では誤字脱字を見逃してしまうことが多い。どうしても自分の文章を読む速度が早くなるからである。声に出して読むと、読む速さが制限されるので誤字脱字を見つけやすい。

b　すらすらと読み進めない箇所があるときは、次の二つの理由が考えられる。第一は、前後の文のつながりが悪い場合である。第二は、文にヨジレがある場合である。いずれの場合も、修正して再度音読すれば、適切に直せたかどうかがわかるはずだ。

⑨　完成原稿にするためには最低でも三回は書き直す。

ある専門家はわかりやすい文章を書くためには、三〇回は書き直すと述べている。文章を書いて原稿料をもらうならば、そのぐらいのことをするのは当然だとも言える。

第III部

演　習　編

以下には演習形式による「事実」の「説明」と「論理」の展開の練習のための課題を付す。

AとBの区分は講義進行上の都合による。［A１・A２・B１・B２］が第１期分、［A３・A４・B３・B４］が第２期分のグループになる。

A１とA３は内容の都合上、題材だけを掲載している。教室での演習の際に課題を発表する。なお、A２・B１・B２、A４・B３・B４は事前に下調べと準備をしたうえで、教室での演習に臨むことが必要である。

Cとして応用・発展問題を四題付け加えた。

教室では期末に、四つの演習課題のうちから一つを選び、完成稿としてワープロで提出する。その際には、字間、行間、紙面の構成なども考慮することが必要である。

［付記１］基本的には、今日の大学生用の演習課題であることを考慮して、課題のもとになった文章にある、古い表現や文字遣いなど分かりにくいと思われる箇所には、改変を加えている。また、課題の理解ということに重点をおくために、「事実の記述」として理解しにくいところを編者が補った部分もある。いずれも原典を注記しているので、気になる方は原文を参照していただきたい。そこから、現代における説明とはどういうものか、わかるところもあるだろう。

［付記２］演習編に限っては教室での演習を前提としている。独習者は巻末の注記を参考にされた上で言語表現技術の会まで、ご連絡ください。

言語表現演習

A1　二千年前に電波通信法があった話

【事前の準備】以下の文を読んで理解しておく。

欧州大戦（一九一四～一九）の真っ最中に、アメリカのイリノイ大学の先生方が寄り集まって古代ギリシアの兵法書の翻訳を始めた。その訳は、人間の頭で考え得られる大概のことは、昔のギリシア人が考えてしまっている、それだからギリシアの戦術を研究すれば、何かしらきっと今度の戦争に役に立つような、参考になるようなうまい考えの掘出しものが見付かるだろう、というのであった。それで大勢のギリシア学者が寄合い討論をして翻訳をした。その結果が「ロイブ古典叢書」の一冊として出版され我が国にも輸入されている。その巻頭に載せられている「兵法家アイネアス」を冬の夜長の睡眠薬のつもりで読んでみた。読んでいるうちに実に意外にも今を去る二千数百年前のギリシア人が実に巧妙な方法で、しかも電波によって遠距離通信を実行していたという驚くべき記録に逢って、すっかり眠気をさまされてしまったのである。もっとも電波とは云ってもそれは今のラジオのような波長の長い電波ではなくて、ずっと波長の短い光波を使った烽火《のろし》の一種であるから、それだけならばあえて珍しくない、と言われるかもしれない。しかしその通信の方法は全く掛け値なしに巧妙なものといわなければならない。その方法というのは次のようなものである。

先ず同じ形で同じ寸法の壷のような土器を二つ揃える。次にこの器の口よりもずっと小さい木の栓《せん》を一つずつ作って、その真中におのおの一本の棒を立てる。この棒に幾筋も横線を刻んで棒の側面を区分しておく。それからその一区分ごとに色々な簡単な通信文を書く。例えば第一区には「敵騎兵国境に進入」第二区には「重甲兵来る」と云った風な、最も普通に起こり得べき色々な場合を予想して、それに関する通信文を記入しておく。次にこの土器に水を同じ高さに入れておいて、この木の栓を浮かせると、両方の棒は同じ高さになることは勿論《もちろん》である。そこで、この容器の底に穴をあけて水を流出させれば、水面の降下につれて栓と棒とが降下するのである。その穴の大きさをうまく調整すると、二つの土器の二つの棒が全く同じ速度で降下し、いつでも同じ通信文が同時に容器の口のところに来ているようになるのである。このような調整が出来たらこの二つの土器を、互いに通信を交わしたいと思う甲乙の二地点に一つずつ運んでおく。そこで、甲地から乙地に通信をしようと思うときには、先ず甲で松明を上げる。乙地でそれを認めたらすぐに返答にその松明を上げて、同時に土器の底の栓（先に記した浮かしてある木の栓とは別のもの）を抜いて放水を始める。甲地でも乙の松明の上がると同時に底の栓を抜く。そうして浮かしてある栓の棒がだんだんに下がって行って、ちょうど必要な文句を書いた区分線が、器の口と同高になった時を見すましてもう一度烽火をあげる。乙の方ではその合図の火を認めた瞬間にぴたりと水の流出を止めて、そうして器の口に当る区分の文句を読むという方法である。

（寺田寅彦が一九三四年に書いた文による。一部表記を現代風に変えた。）

『寺田寅彦全集』第四巻「変わった話二」岩波書店、一九九七年

A2　好きなもの

【課題】

Ⅰ　自分の好きなものを記し、以下の①②のいずれかを選んで書きなさい。好きなものとは趣味・食べ物・モノなどで他人に何と言われても好きであることを止めたくないものとする。人・動物など「感情移入」できるものは対象としない。

【　　　　　　　】が好きである。

理由のある場合は①へ、ない場合は②へ。どちらか**一つだけ**を選ぶ。

①好きである理由を一〇〇字程度にまとめる。

②好きなものに理由はない。ただし【　　　　　　　】は嫌いである。

次のような点で、それが嫌いで興味が持てないことが、逆に好きなものへの**説明**となるかもしれない、という形で、その理由を一〇〇字程度にまとめる。

Ⅱ　好きなものについて**具体的事実**に基づいて**説明**しなさい。六〇〇字程度にまとめる。

＊以下の項目（1～7）を参考にすること。

＊全ての項目を書くのではない。わかりやすい**説明**のために**必要な数項目**を自分で選んで組み合わせて書く。

＊そのことを知らない人にもよくわかるような**説明**になっていることも必要である。あまりにも当たり前すぎることは書かない。

＊箇条書きにならないよう全体の構成を考えること。

1　他にどのぐらいの人が好きであるか。人数・パーセント・老若男女の別など。

2　そのことにどのぐらい時間がかかるか。

3　どのようなもの・場所が必要か。

4　どのような知識・経験が必要か。

5　どのぐらい費用がかかるか。

6　どのようにして「作るか」「作られたものか」。

7　その起源はどこにあるか。歴史的背景など。

B1　サマータイム

【課題】

以下の①②③④の指示に従って順番に書く。段落の冒頭に①②③④の記号を明確に記す。

① 末尾にある【参考資料】を読み、サマータイムを説明する。ただし、説明相手は十五歳程度とする。

【注意】「です、ます」を使ったり、ひらがなや話し言葉を使ってやさしく表現するのではない。筋道を立てた論理でわかりやすく書く。

② サマータイムの実施について会社員Aは次のように述べた。

「明るいうちに仕事が終わっても、飲みに行く気にもならないし、かえって仕事の続きをしてしまって、疲れることになるだろう」

サマータイムの実施について主婦Bは次のように述べた。

「夜は今までのつもりで夜更かしになるだろうし、朝は早く起きなければならないので、体に悪いのではないか」

右の二人の発言の論理的な誤りを**説明**しなさい。

③ 江戸時代には不定時法というものがあった。この不定時法とサマータイムを比較して説明せよ。

④さらにサマータイム導入に対する貴君の意見をまとめなさい。

【事前の準備】 以下の資料を参考にして演習前に情報の収集と整理をしておく。

【参考資料】　サマータイム報告書の要旨

毎日新聞一九九九年五月一四日朝刊による【1】「国民会議」設置の背景と【3】国民会議等における検討状況は省略

【2】サマータイム制度の概要

（a）日の出の時刻が早まる時期に時計の針を一時間進めることで、太陽光を有効活用しようとする制度である。

（b）世界七〇ヵ国以上で導入されており、経済協力開発機構（OECD）加盟国の中では、日本、韓国、アイルランド以外のすべての国で実施されている。導入理由で最も多いのはエネルギー、化石燃料の節約である。

（c）我が国では、GHQ（連合軍総司令部）の指示により一九四八年から制度が導入されたが、53％が廃止を支持した世論調査の結果を受けて五二年に廃止された。

（d）国民の意識は、九〇年以降一貫して賛成の割合が上昇し、昨年十一月の世論調査で初めて賛成が過半数を超えた。

【4】サマータイム制度をめぐる主要論点についての考え方

（a）制度導入によって全体的な省エネ効果は原油換算で一年あたり約五〇万キロリットル、二酸化炭素削減効果は炭素換算で約四四万トンとなる。

（b）統計上のデータや諸外国の事例からは、サマータイム制度と労働時間に相関関係は見受けられない。労働強化につながるとの懸念が表明されていることは事実で、対応策を十分に講じていくことが必要であろう。

（c）野外活動の増加などライフスタイルにさまざまな変化が生まれることが予想される。夕方の日照時間の増加によって拡大する選択肢の中から、何を選択するかは個々人の価値判断の問題である。

（d）制度導入に伴い、信号機などハードウエアとコンピューターソフトウエアなどの改修費を合わせ総額約一〇〇〇億円が必要になる。国際航空路線の発着時刻の調整などの課題もある。しかし、一方で、直接的省エネ効果による毎年七七〇億円の経費節約が期待できる。

(e) 健康への悪影響もいくつか、懸念されている。一時間程度の移行は人体にほとんど影響はないという説もある。高温多湿で夜蒸し暑い日本には不向きとの指摘もある。

【5】サマータイム制度導入についての考え方

(a) 基本的な考え方

①地球環境問題が深刻さを増している。②省エネ及び温室効果ガス削減につながり、国民の意識改革も期待できる。③世論調査で導入賛成が過半数を上回った。以上の点から、地球環境にやさしいライフスタイルを現実するきっかけとして導入を図るべきだ。

(b) 実施期間

省エネ・温室効果ガス削減効果の大きさ、国民に与える影響、国際的な調和などの観点を考慮すれば、四月第一日曜日から十月の最終日曜日とすることが適当である。

(c) 導入する場合の対応策

時短の推進、改正労働基準法の厳格な運用、時差出勤やフレックスタイム制の一層の推進などに取り組んでいくことが必要となる。

(d) 周知・準備期間

制度導入時に混乱が生じないように十分な周知・準備期間が必要。その期間は2年程度とする。

(e) 呼称について

呼称を公募した結果、「エコタイム」などの案が寄せられたが、国民会議では既に広く用いられている「サマータイム」が適当との意見が多かった。

【6】結び

サマータイムは地球にやさしいライフスタイル実現のための「きっかけ」となることが期待される。各界各層の参加の下に国民運動を展開することが効果的で、導入後も制度の効果や影響について評価していくことが必要である。

B 2　カラオケ

【事前の準備】

A　カラオケについて、日本語はわかるが日本の生活事情には疎《うと》い「外国人」に**説明**すると**仮定**する。その際、どのような具体的事実に基づけば有効か、考えておく。

B　日本人の集団性を象徴する（よく表している）行動について考えておく。

【課題】

①「カラオケ」を主題とする文章を以下の指示に従って書きなさい。

②日本語はわかるが、日本人の生活習慣には疎い「外国人」に**説明**すると**仮定**して、書くこと。

③段落の構成の仕方は以下に従うこと。

【第一段落】

カラオケとは何かを全体の概要から始め、使う機器など細部に至る点を具体的に**説明**する。

【第二段落】

カラオケができる場所、行くときの情況などを「事実」に基づいて**説明**する。

【第三段落】

カラオケと似た精神性を持つ日本で生まれた独特の文化や習慣を具体的事実にもとづいて**説明**する。そののち日本人がカラオケを好む「理由」を述べる。

【第四段落】

日本人の精神性の特色を、先の二段落をふまえて、自分の「意見」として書く。

【書くための準備メモ】

【第二段落】で使うつもりの言葉を列挙してみる（実際にはすべてを使うわけではない）。

【第三段落】で使うつもりの言葉を列挙してみる（実際にはすべてを使うわけではない）。

【第二段落】【第三段落】の内容に共通する精神的要素を表す「抽象語」を考えて列挙してみる（実際にはすべてを使うわけではない）。その中からいくつかを使い**【第四段落】**を書く。

A3　足元電気暖房器具

【事前の準備】以下の図と文を理解しておく。

■全体図（平らな床に立てた状態）

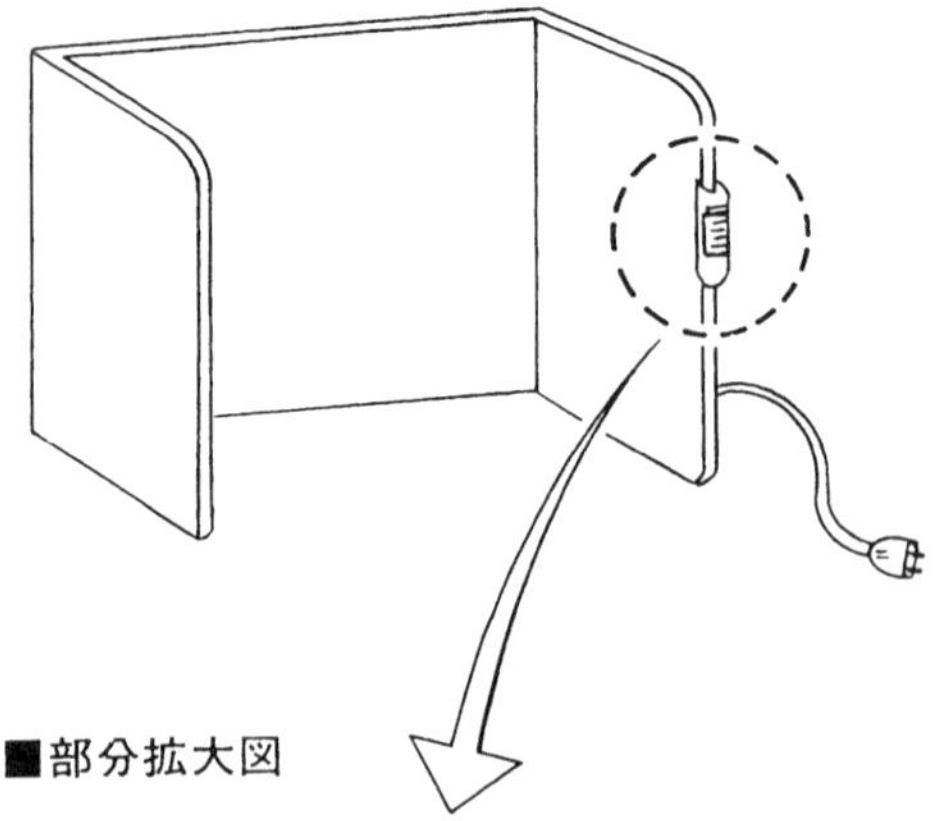

■部分拡大図

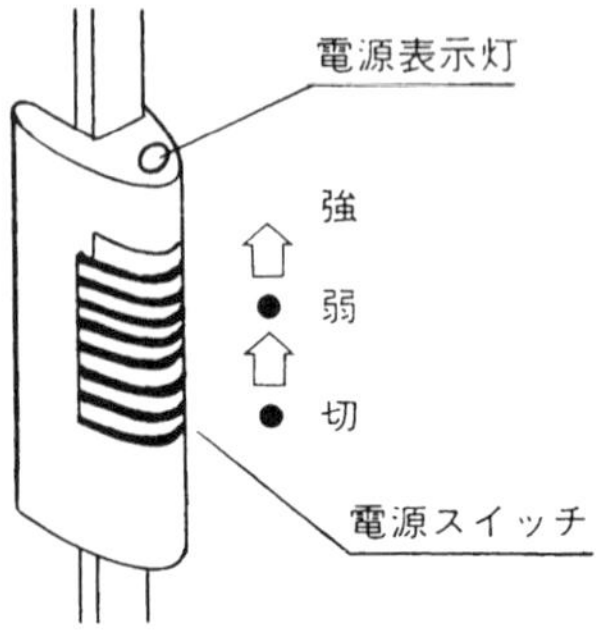

■展開図（単位はミリメートル）

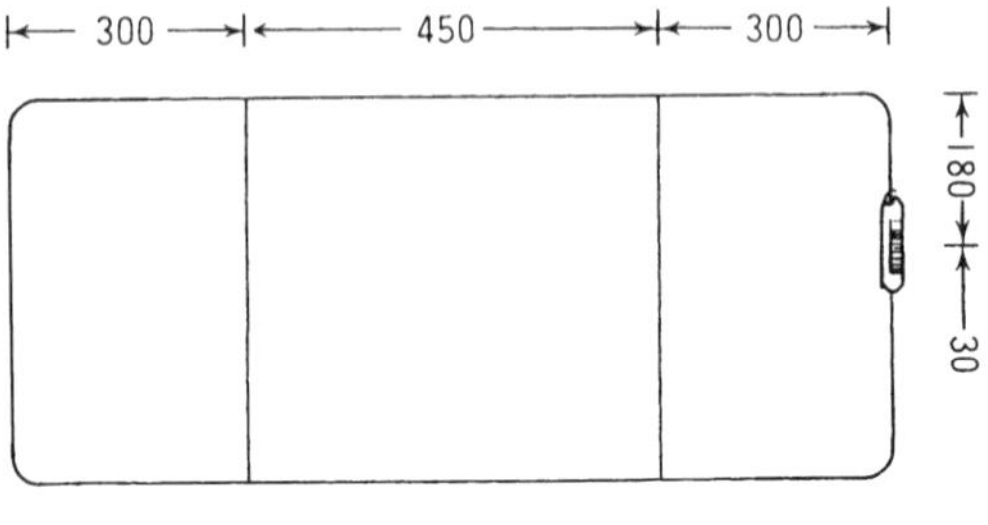

■仕様

発熱面は内側のみ。表面材はポリエステル不織布。
定格165W。温度制御サーモスタット。質量2.2kg。
標準表面温度　強55℃　弱37℃（室温20℃の場合）。
1時間の標準電気料金　約3.7円（室温15℃の場合）。

【参考数値】

消費電力
ホットカーペット3畳　700ワット
　　　　　　　　2畳　510ワット

エアコン6畳用　2000ワット〜2500ワット
（ただし、インバーターの場合は常時この消費電力ではない）

風呂の温度　39℃〜40℃
（ただし、空気伝導と液体伝導では、伝導率が異なることに注意）

暖房便座の表面温度　低 34℃　中 38℃　高 40℃

＊以上の数値はあくまで目安であり、これらの数値を直接用いてはいけない。

【使用例】

本図はパナソニックのデスクヒーター（DC-PKD3-C）をもとに
林治郎が作図したものである。

A４　役立つもの

【課題】

日常生活の中で自分が使っていて、役立っていると思う品物を**説明**しなさい。

なるべく他人の持っているものとはひと味違うものであることが望ましいが、特別変わっているものである必要はない。ただし、自分にとっては、あった方が日常生活が便利になるようなものであることが条件である。

他人にわかる**説明**を念頭において書く。そのために、段落の構成の仕方は以下にしたがう。

【第一段落】

そのものの概要を**説明**する。

【第二段落】

そのものの形状、価格、購入できる所などを誰にでもわかるように**説明**する。

【第三段落】

他の同種のものと**比較**して、そのものがいかに有用であるかを**説明**する。

【第四段落】

そのものに対する自分の意見を書く。

【書くための準備メモの一例】

各段落で**中心となる一文**をまず考えてから書く。

【第一段落】中心となる語を書いておく。

【第二段落】中心となる一文を書いておく。

【第三段落】中心となる一文を書いておく。

【第四段落】中心となる一文を書いておく。

B3　駅　弁

【課題】

①「駅弁」を以下の指示にしたがって**説明**しなさい。

②日本語はわかるが、日本人の生活習慣には疎《うと》い「外国人」に**説明**すると**仮定**して、書く。

③段落の構成の仕方は以下にしたがう。

【第一段落】

駅弁とは何かを具体的な「事実」に基づいて**説明**する。ただし、【参考資料】から**直接**「**引用**」**してはいけない**。

【第二段落】

日本人がなぜ駅弁を好むかを、駅弁と似た精神性を持つ日本で生まれた独特の文化や習慣をあげて具体的に**説明**する。

【第三段落】

日本人の精神性の特色を、先の二段落をふまえて、自分の「**意見**」として書く。

【事前の準備】

参考資料以外に、「駅弁」について情報の収集と整理をしておく。

【参考資料】

現在、幕の内弁当といえば料亭の懐石風よりもむしろ、駅売り弁当、いわゆる駅弁幕の内弁当を指すのが一般的である。現在の駅弁は、行楽――芝居――茶席といった享楽の弁当と、農作業、山仕事、戦陣といった実用の弁当との接点に位置する性格をもつといえる。日本の駅弁のはじまりは、明治一八年（一八八五）、上野・宇都宮間に新線が開通したときに、宇都宮駅で売られたもので、その弁当は、黒胡麻をまぶした梅干し入りの握り飯二個に沢庵漬けを添え、竹の皮で包んだもので、当時五銭だった。たくさんの副食物を折詰にした幕の内形式は、山陽鉄道が姫路まで開通した翌年の明治二二年（開通と同時の明治二一年ともいわれる）姫路駅で売り出されたものが最初である。その弁当は、経木《きょうぎ》の折に、鯛、蒲鉾、伊達巻、金団、ウド、百合根、奈良漬け、鶏肉などを握り飯とともに詰め合わせたものだった。これらの副食は、明治中頃では、なかなか口にできない料理屋風のものであり、この弁当は、握り飯の駅弁にはない享楽弁当の性格を持っていた。

　この形式は、江戸末期の量産型の芝居弁当に近似している。芝居と同じく、列車の中でも、弁当を膝の上にのせて食べるという、食べ方の制約があり、鉄道で旅行することが、一種の晴れの出来事であった時代ならば、副食に珍しい料理を入れる意味もあった。この弁当を幕の内と呼んだかどうかは定かではないが、芝居起原の量産型弁当との類似からしだいにこの形式の駅弁もおなじ呼称をもつようになったものと思われる。

　参考までにさらに歴史的考察を付け加えておくと、次のようになる。明治のころは飯一段、副菜二段の計三段式、大正時代は二重折が駅弁幕の内の一般的な形式であったが、大正十年（一九二一）、神戸鉄道管理局では仕切一つで飯と副食物を一緒に詰め込み、また、従来の正方形の折箱を長方形に変えた。今日の駅弁幕の内の定型に近いものの出現である。後に、上等弁当は二重折に戻され、第二次大戦まで、二重折のかたちは多かった。大部分の駅弁が一段になったのは、昭和四十年（一九六五）以後である。

榮久庵憲司『幕の内弁当の美学』朝日新聞社（朝日文庫）、二〇〇〇年、より抜粋

B４　日本の学校の現状と未来

【課題】

① 「日本の学校の現状と未来」を主題とする文章を以下の指示にしたがって書きなさい。
② 段落の構成の仕方は以下にしたがう。
③ 最後に「表題」を書き入れる。本文は三行目から書き始める。一行目に表題を書き入れる。

【第一段落】

修学旅行の長所と短所を**具体例**をあげて**説明**する。

【第二段落】

学校の制服を取り上げ、他の制服（警官の制服・自衛隊や軍隊の制服・バス鉄道など交通運輸関係の制服・マクドナルドなど飲食関係の制服など。ただし、ここではスポーツのユニフォームは除く）と比べて違う点を**具体的**に指摘する。

【第三段落】

日本の学校になぜ「修学旅行」や「制服」が存在するかを、日本人の精神性の問題として、**説明**する。

【第四段落】

今後も「修学旅行」や「制服」が日本の学校制度の中で重要な位置を占めるべきか、それとも必要でないかを、自分の「意見」として書く。

【書くための準備メモ】

【第一段落】で使うつもりの言葉を列挙してみる。特に長所と短所（実際にはすべてを使うわけではない）。

【第二段落】で使うつもりの言葉を列挙してみる（実際にはすべてを使うわけではない）。

【第一段落】【第二段落】の内容に共通する精神的要素を表す「抽象語」を考えて列挙してみる（実際にはすべてを使うわけではない）。

C1 都市環状高速道路

【課題】

以下の文を読み①②を解きなさい。

中央に環状線があって、そこに周囲から放射状に車が流入してくる。これは都市の高速道路の基本の図である。車は放射線を都心に向かって、環状線を回り、やがて別の放射線から出てゆく。ある大都市を例に挙げよう。この場合、放射線は片側二車線、環状線は外回りと内回り各二車線とする。ここで、一つの環状線に流れ込む放射線の数を七つとしてみよう（自分で図を書いてみて下さい）。放射線の一つをＡとし、以下時計回りにＢからＧまで名をつける。ある放射線から入って別の線に出る車の比率はすべて均等である。

放射線・環状線とも一車線の容量を仮に毎分六十台とする*（時速六十キロで走ると、一分間に一キロ、一秒間に十六メートル位走ることになる。逆に言うと十六メートルの間隔で六十台の車が時速六十キロで走れる。安全を見越せば、これぐらいが飽和状態だろう。二車線では百二十台が限度となる）。

環状線の入り口Ａで六十台ずつ左右に別れ、右に、つまり外回りで、行った車は放射線Ｂ・Ｃ・Ｄから二十台ずつ出てゆく。その先のＥから出る車は当然左回りで行くはずだ。放射線Ａからの入り口と放射線Ｂへの出口の間を走る車の数を計算してみる。Aからの分が六十台、左隣のGからの分が（Aで二十台出るから）四十台となる。Fからが（GとAで各二十台出るから）二十台になる。EからはAで最後の二十台が出てしまうから〇台である。（B・C・Dからわざわざ遠回りしてAに行く車がないのは当然だ）。総計で百二十台がAB間の外回りを走る車の数だ。内回りも同じ数であるのは言うまでもない。放射線から入ってきた総量と同じである。つまり、放射線も環状線も二車線だとすると、この環状線は最も込んだ状態では七本の放射線からの流入をさばくのが、理論的には精一杯ということだ。しかも、実際には、環状線は放射線よりもずっと車の流れが複雑である。進路変更が多い。左車線は流出と流入のために空けておきたい。ドライバーはそう考えるけれども、現実には入りきれない。その分が左に溢れ、それが放射線からの流入を妨げる。渋滞が発生する。

＊（　）内は出題者補足

池澤夏樹「当世欠陥商品一覧」による（一部改変した）。『むくどり通信』朝日新聞社、一九九四年。のち朝日文庫所収

①右の文の「七本の放射線からの流入をさばくのが、理論的には精一杯ということだ。」を明快に第三者に理解できるように図解してみよ。文章を多少用いてもよい。ただし、元の文章をそのまま引用してはいけない。単語や数式は使ってもよい。

【前掲の文に続いて以下の文がある】

右の例は東京の首都高速の話である。この場合、事実として、首都高には（環状線に直接つながる入路を無視しても）七本どころか九本の放射線が入っている。この場合、環状線の負担は放射線の一・二五倍になる（前記の図を応用して各自計算のこと）。二車線に対しては二・五車線だが、端数はもちろん切り上げるから三車線必要であるのは明白だろう。

②文中の「環状線の負担は放射線の一・二五倍になる」という計算の過程を記せ。

C2 好きなご飯もの

【課題】 以下の資料を参考にして一つを選び、ご飯ものの起源・歴史などについて「**事実**」を「**調べ**」たうえ、一二〇〇字以上にまとめて書け。

日本経済新聞二〇〇三年五月一七日朝刊

［好きなご飯ものメニュー］

調査の方法

調査会社インタースコープ（東京・目黒）を通じ、五月上旬にインターネットで全国調査。約四〇の代表例をもとに「好きなご飯ものメニュー」についていくつでも選んでもらった。有効回答は男性五〇二、女性六三一、合計一一三三。

一位　カレーライス　九五六

明治初期の本「西洋料理通」などが作り方を初紹介。具は鶏、エビ、タイ、カキに赤ガエルも。

二位　チャーハン　九三一

NHK放送文化研究所の調査によると「焼き飯」と呼ぶ人は関西以西に約二〇％いる。

三位　おにぎり　八九〇

原型は弥生時代中ごろにも。江戸期の女房言葉で「おむすび」と言い換える言葉ができた。

四位　にぎりずし　八八三
すし飯に魚のネタを載せた早ずしは一説に江戸・文政期、両国の華屋与兵衛が創案したという。
五位　オムライス　八八〇
一九二六年、大阪の「パンヤの食堂」（現・北極星）が常連に出したのが発祥という日本独自のメニュー。
六位　炊き込みご飯　八四一
炊き込みの一種、釜飯は関東大震災の炊き出しで生まれ、浅草「元祖釜めし春」の考案という。
七位　カツ丼　八二二
発祥は早稲田か。ドイツへの留学生が鶴巻町の食堂で発売した説、早稲田高等学院生が考案した説も。
八位　親子丼　八一一
明治二〇年代、東京・人形町の「玉ひで」で創案、出前で売り出されたのが元祖という。
九位　お茶漬け　七九八
平安期、貴族が夏に食べた水飯から鎌倉期には武士が湯漬けを常食。江戸期に茶漬け茶屋が繁栄。
一〇位　牛丼　七九四
明治期、文明開化とともに食べ始めた牛鍋（すきやき）を煮汁ごとご飯にかけたのが始まり。

C 3　デフォルト

【課題】

以下はコンピュータ用語「デフォルト」についてのいくつかの説明①〜③（ゴチック体への変更は出題者による）と、出題者が作成した社会と関係するマナーについての文章④である。

①〜④を参考にした上で、コンピュータと**関係のない**具体例を現代社会の中に見つけて「**調べ**」たうえ、一二〇字以上にまとめて説明せよ。「デフォルト」以外のカタカナ語を用いてはいけない。

①デフォルト　【default】読み方：デフォルト

利用者が何も操作や設定を行なわなかった際に使用される、あらかじめ組み込まれた設定値。「初期設定」「既定値」などもほぼ同義。

ハードウェアやソフトウェアは、稼動させる前に利用者が利用方法や環境に合わせて様々な設定を行なう必要があることが多い。このとき、細かい設定値やめったに使わない設定値までいちいち入力しなければ稼動しないというのは面倒なので、**典型的な利用環境を想定してあらかじめ適切な値を組み込んでおくのが一般的である**。これをデフォルト値とかデフォルト設定という。

「default」とは「欠席」「（義務などの）不履行」「棄権」といった意味の英単語で、「ユーザが設定を行なわない」という意味から転じて、そのような場合に使われる設定値のことを指すようになったものと思われる。

（出典）「IT 用語辞典 e-Words」http://e-words.jp

② default

いくつかの選択肢の中から、あらかじめ設定された値。たとえば拡張カード類では、使用する IRQ や I/O アドレスなどの標準値があらかじめ設定されている。この場合の IRQ 値、I/O アドレス値はその拡張カードのデフォルト値である。必要ならばユーザーは設定を変更できるが、このデフォルト値としては、**もっとも一般的な（なるべくユーザーがマニュアルで設定しなくてもそのまま利用できるような）値が設定されている**。たとえばソフトウェアのインストーラでは、あらかじめ標準のインストール先ディレクトリが設定されていることが多い（Windows なら C:¥WINDOWS など）。この場合のディレクトリは、そのソフトウェアのデフォルトのインストールディレクトリである。

（出典）「アスキーデジタル用語辞典」http://yougo.ascii24.com

③デフォルト共有

Windows 2000 ではデフォルトでいくつかの共有を自動的に設定します。これらは「管理共有」と呼ばれ、各物理パーティション（C$、D$ 等）およびシステムディレクトリ（ADMIN$）について作成されます。これら**管理共有は主としてシステム管理のために利用され、管理共有に対するアクセスは Administrators や Backup Operators といった限られたユーザーにのみ許可されます**。そのためこれら管理共有を通して不正にディスクをリモートアクセスされる危険性は少ないと考えられますが、管理共有を削除することによってより高度なセキュリティを実現することが可能です。　（出典）http://www.ipa.go.jp

④

典型的な利用環境を想定してあらかじめ適切な値を組み込んでおくのが一般的である。その場合、管理共有に対するアクセス（どこを設定したら変更できる）が明示されていないのに、変更した時は、次のユーザーがマニュアルで設定しなくてもそのまま利用できるように、初期設定に戻すことがマナーである。あるいは次のユーザーに変更した旨をきちんと伝えるべきである。

C 4 ピンホールカメラ風の箱

【課題】

資料および参考概念図を参考にして「ピンホールカメラ風の箱」を説明しなさい。

注意点 ①組み立て・使用説明書や広告の文案を書くのではない。あなたがすでに使っているものとして、この箱を見たことも使ったこともない人に、文章だけで説明するものとする。②**事実の説明**は、二段落に分けて書く。どのようにして作るかの説明を一段落とする。構造の説明も一段落とする。どちらの段落を先に書くかという点も課題のうちである。③意見は最後に三段落目として書く。④数値・カタカナは使わない。ただし、「ピンホールカメラ」「ガラス」は除く。

【資料】

ピンホールカメラ風の箱の組み立てと構造（磨りガラスをフィルムにすればカメラになる）

注意点 Ⅰ［材料］Ⅱ［組み立て］Ⅲ［構造および組み立て図］をよく理解した上で、相手にわかりやすい説明の順序を考える。Ⅳ**【参考概念図】**もよく理解し構造の参考にする。

Ⅰ **［材料］ A～E**

A 2枚（10㎝×15㎝）。

B　1枚　中央に1cmほどの穴が開けてある（Aと同じ大きさ）。

C　2枚　AとBよりはやや大きい

＊A・B・Cともに木の板で厚みは1cm弱である。

D　直径4cmの丸い黒い金属板で真ん中に1mmほどの小さな穴が開けてある。

E　A・Bより少し大きい磨りガラス。

Ⅱ　**［組み立て］**

1　A～Cの内側を黒く塗る。

2　Bの中央にDの穴がくるようにDを接着剤で貼り付ける。

3　A・BとCの1枚で箱の一部を組み立てる。

4　Eを入れる。

5　Cの1枚を上につける。

［構造および組み立て図］

数値の単位はセンチメートル

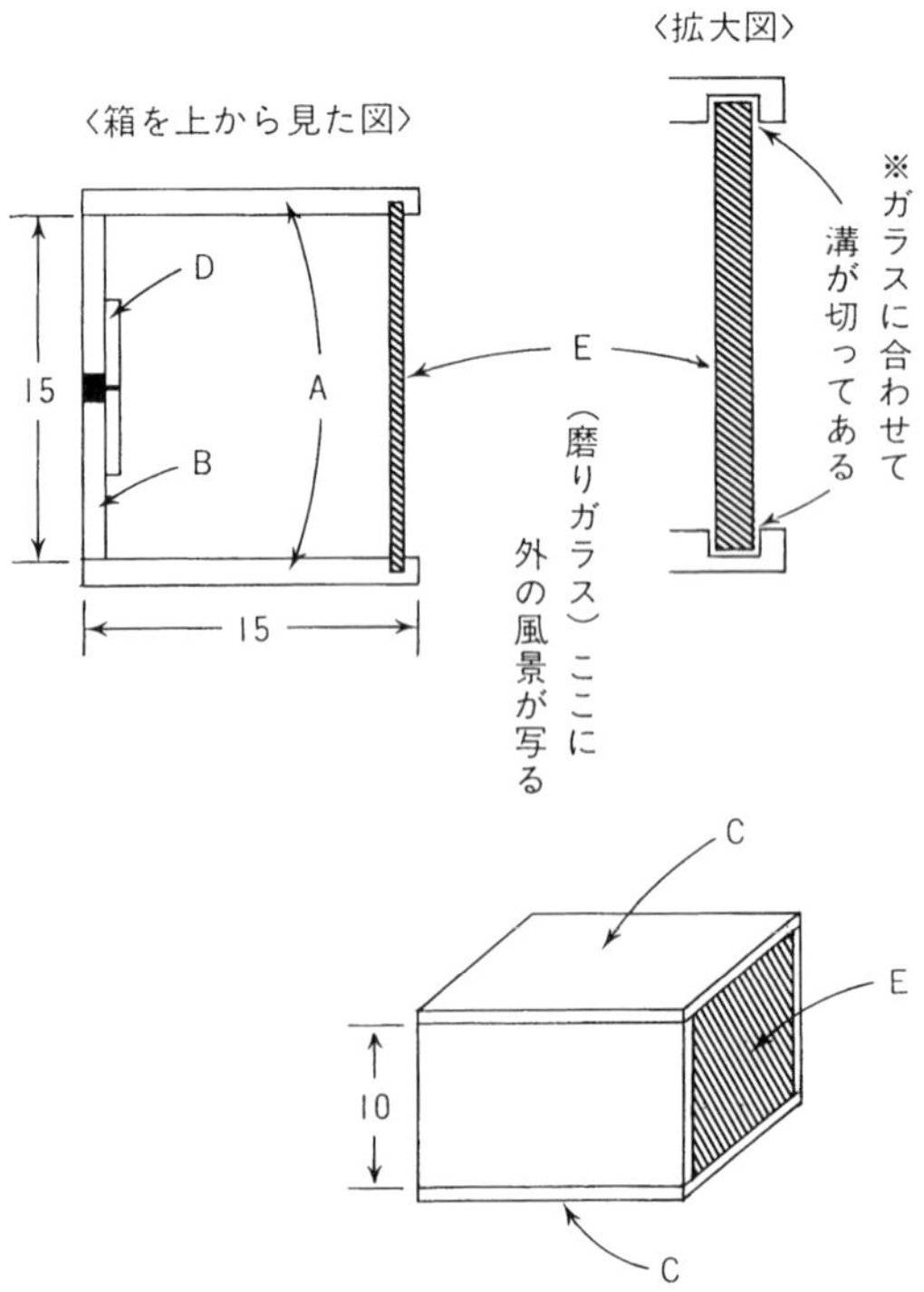

Ⅳ ［参考概念図］

1 ピンホールカメラの仕組み

2 レンズ付きカメラの仕組み

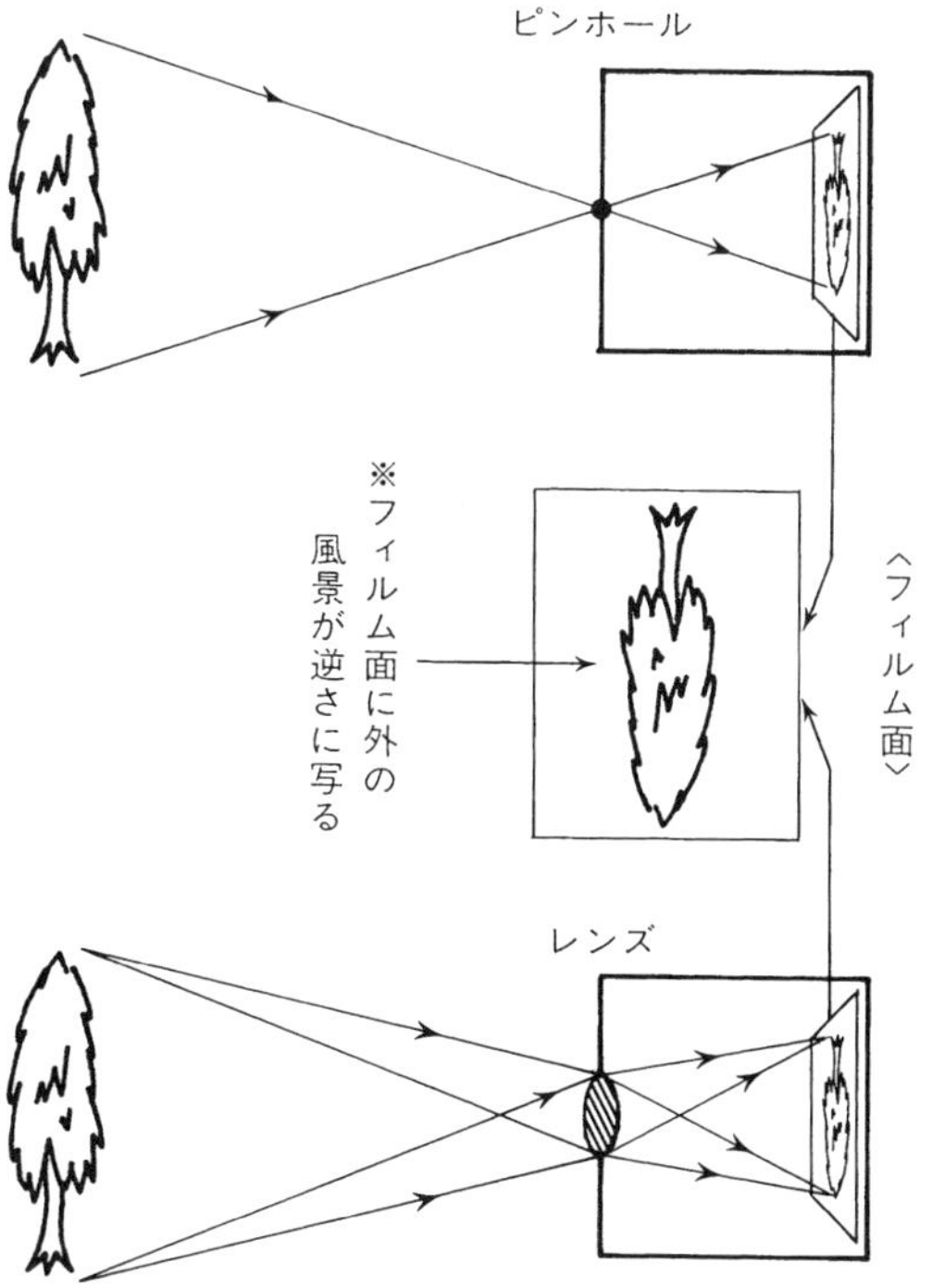

第IV部

実用編および理論的補足

1 引用の実例

本書50・51ページの「引用のルール」では、引用の際の基本的な注意事項を著作権法に基づいて記している。ここでは、木下是雄の文章によって「引用の実例」を示す。

事実の記述と引用との関わりについて、木下是雄は以下のように述べている（傍線部筆者）。

　ほかの人の発言をその人の発言としてそのまま伝える場合、また他の文献の中の記述をその文献の中の記述としてそのまま伝える場合には、それは事実の記述とされる。文献その他を参照して、その記述の真偽――本当にそういう発言（記述）があった（ある）のかどうか――を確認できるからである。

（木下是雄『理科系の作文技術』中央公論社（中公新書）、一九八一年、104・105ページ）

傍線部「他の文献の中の記述をその文献の中の記述としてそのまま伝える」に着目する（傍点部筆者）。この記述は引用の定義であると同時に、引用のルールを説明したものでもある。

木下の指摘を、本書の50・51ページの「引用のルール」と関連させて考えてみる。

傍線部「その文献の中の記述としてそのまま伝える」は、引用のルールの「1　自他

引用文の紹介
傍線は引用文の改変にあたるので但し書きをつける。

引用文1（長文の場合）
全体を2字下げる。
前後を1行空ける。

出所明示

引用文への言及
「引用の必然性（この引用がなければ、自身の論が展開しないこと）」を説明する。

の区別」「2 出所明示」「4 引用文を改変しない」と対応している。一方、傍線部を「他の文献の中の記述に少し手を加え、自分が書いた記述（文章）として自分の文章の中に紛れ込ませる」と言い換えると、盗用（剽窃《ひょうせつ》）の定義となる。インターネット上の情報をコピー&ペーストすることが盗用であって、元の著作物に少し手を加えて自分で入力すれば、それで自分の著作物となると思い込んでいる人も多い。具体例を二例挙げる。第一に、他人の著作物の文末「です・ます」を「である」と書き換えて、自分の文章にはめ込む場合が想定できる。第二に、長い文章を適度に省略しながら丸写しして、自分の文章の一部とすることもある。しかし、このいずれの場合も盗用（剽窃）にあたり、著作権侵害となる。他の人の著作物は、その人の頭脳労働の成果（知的財産）である。それを勝手に改変し、自分の文章のなかに紛れ込ませるような行為は、恥ずかしいことだと認識すべきである。木下の引用の定義は、一見するとまわりくどい印象を受ける。しかし、引用の基本的ルールを適切に言い表したものと受け取るべきである。

木下はまた、著作権法第三二条一項にいう「公正な慣行」「正当な範囲」（本書50ページに掲出）について以下のように言及している。

> 私は、理科系の仕事の文書に引用する場合には、およそ
> （i）引用が四〇〇字以内で
> （ii）引用文が自分の書くものの二割以内
> なら許されるのではないかと考えている。もちろん出所は明示しなければならない。「正当な範囲」を超える場合には、著作権者（および儀礼として著作者）の許

＊意図しない盗用（剽窃）をしないよう、注意が必要だ。

＊いずれも学生レポートによくある例である。

＊引用のルール「1 自他の区別」「2 出所明示」「4 引用文を改変しない」に反している。

引用文の紹介

引用文2（長文の場合）
全体を2字下げる。

＊本書では「三割以内」としている。

諾を得なければならない。（同書165ページ）

木下のルールは、本書に示した「引用のルール」よりもさらに厳格なものである。レポート・論文に対する木下の真摯な姿勢を示したものと受け取れる。

さらに木下は、「他人のみちびきだした結論の要旨や数式、またデータなどは、公刊されたものであるかぎり、上述の方法で出所を明示さえすれば自由に引用してよろしい」とも述べている（同書164ページ。傍線部筆者）。傍線部「他人のみちびきだした結論の要旨や数式、またデータ」は、いずれも「事実の記述」であり、「意見」ではないことに注意する必要がある。

引用文への言及

引用文3（短い場合）

「　」で括る。

「さらに木下は、」および「とも述べている。」が引用文の紹介にあたる。

いずれの場合も【引用文の紹介→引用文→引用文への言及】という型に従っている。このうち、引用文への言及によって、引用の必然性（この引用がなければ、自身の論は展開しないこと）を説明する必要がある。

本書第三部の「言語表現演習」は、書籍や資料を読み、自分で「事実」を調べることから始まる。その調査結果をふまえ、「事実の記述」で書き、その上で自分の考えを説明することに意義がある。レポートや論文を書く場合も同様である。様々なメディアにあふれている「うわべの感想」や、事実の裏付けのない「意見もどきの文章」を安易に引用するべきではない。たとえ表面上は「引用のルール」を守っていたとしても、たんなる「水増し」に過ぎない。自分のことばで説明するという姿勢を貫くなかで、引用の必然性を考えることが重要である。

2 実務的な手紙・電子メール

実務的な用件で手紙や電子メールを送る際には、「読む側は未知の相手である」「文章とは第三者への説明である」ことを忘れてはならない（本書37ページ参照）。

手紙の書き方に関する解説書では、友人や知人にあてた私信について説明したものが多い。しかし、実務的な用件を伝える文書には、相手と親しいかどうかということを持ち込むべきではない。まず、最初に心がけるべきことは、相手と自分との間に、人間関係に寄りかからない適度な距離を保つことである。その上で、的確に用件を伝え、しかも相手に不快感を与えることがないようにするための配慮が必要である。相手の年齢も人柄もわからないような状況でも、相手と自分との間に共通の地盤を築かなければならない（本書127ページB参照）。

具体例として、就職活動の際に志望先企業の人事担当者とやりとりする文書を考えてみよう。まず、相手と自分の立場の違いを正しく把握することが第一である。人事担当者は、不特定多数の学生を相手に多忙な時間を過ごしている。あなたは、その多数の志望者のうちの一人にすぎない。そのことを理解すれば、相手の立場に配慮するとはどういうことかがわかるだろう。必要以上に緊張して、慣れない敬語を過剰に使うことは、かえって失礼にあたる。多忙な相手の時間を無駄にしないように配慮し、なおかつ用件を的確に伝えることが何より大切である。

手書きの場合と電子メールを用いた場合、それぞれの初歩的な注意を以下に述べておく。

a　手書きの場合

①筆記具　万年筆、ボールペン、またはペンを用いる。

鉛筆は用いない（公式文書に鉛筆は適さない）。フリクション・ボールは使わない（鉛筆同様、公式文書には不適切である）。

赤や緑・紫など色付きの筆記具は用いない（非常識だと受け取られる）。

②用紙　無地の便箋や用箋を用いる。

反故《ほご》（書き損じの紙・何かを書いた紙の裏）は使わない。

ルーズリーフのノートやレポート用紙は使わない。

アニメのキャラクターや派手な地模様がついたもの、香りつきの用紙などは使わない。

③用字　丁寧な読みやすい字を書く。筆圧の弱い薄い字は厳禁。

字の上手下手ではなく、相手が読みやすいように配慮する。

④宛名　特別に丁寧に書く。誤字がないように注意する。旧字体や人名用漢字の場合もあるので、注意する。

例　芥川龍之介→芥川竜之介　長島悠紀雄→長嶋悠紀夫

⑤表書き　全体の配置を考えて丁寧に書く。

「様」「御中」などの敬称の書き分けに注意する。

文書（手紙）に添えた敬称と一致するように注意する。

b　電子メールの場合

電子メールは一九九〇年代後半以降、インターネットの発達によって電話やファックスに替わる便利な通信手段として急速に普及した。現在では、事務連絡・業務連絡の文書や、手紙に準ずる正式なものとして使用されるようになった。実務の現場では、メール（以下、「電子メール」を「メール」と略称する）の添付ファイルを用いて、見積書や提案書などを遣り取りすることも一般的になっている。

メールが普及し始めた頃には、マナーもルールも定着しておらず、使用者それぞれが手探りで利用していた。しかし、実務的な場面での使用が一般的になるにつれて、自然に「形式」ができあがったといってよいだろう。ただし、効率を重視するのか、相手との人間関係を重視するのかによって、守るべき「形式」も異なってくる。したがって、時代の移り変わりとともに、電子メールの型も変化する可能性があるだろう。

個別、具体的な注意は、(11)〜(21)ページに記している（以下、カッコつきのページ数は、巻末「第Ⅴ部　実用編および理論的補足【資料編】」におけるページ数を表す）。ここでは、全体的な心構えを記しておく。

①　「形式」の意味を理解する

メールの「型（心得事）」が定着した背景には、相手を不快にさせることなく必要な情報を効率よく伝えるためには何が必要か、ということを使用者が重視してきたことがある。決まり事だからと「形式」だけを丸暗記しても何の意味もない。「形式」の背景にある理由を理解することが大切である。なぜそうなったのか、なぜそうすべきなのか、ということがわかれば「形式」も自然に身に付く。さらには、ある程度「形式」を守りながら、自分で独自の工夫を加えることも可能となるはずだ。

②　スパム・メールと誤認されないように注意する

相手に確実に読んでもらうためには、スパム・メールではないことを「形式」としてはっきり示さなくてはならない。コンピュータ・ウィルスの多くは、メールや添付ファイルを介して感染する。このため、差出人がはっきりしないメールや、件名のないメールは開かないという人も増えている。当人は、メールを送ったつもりになっていても、スパム・メールとして削除されてしまう場合もある。メールのルールやマナー（形式に則《のっと》るというカタチ）は、スパム・メールと誤認されないための注意事項であると言い換えることもできる。

③　公私を使い分ける

公的な場面で発信するメールと、私的なメールとを、はっきり区別することが重要である。公私の区別は、使用機器の違いにも表れる。パソコンのメールソフト（公的）と携帯電話からのメール（私的）である。

大学生にとっての公的な場面とは、自身が所属する大学の学生という立場でのメールのやりとりを意味する。具体例として、講義中に指示されたレポートをメールで提出する場合が挙げられる。この場合、大学から与えられたアドレスを必ず使用し、パソコンを用いて「形式を守って」送信しなければならない（「形式」の詳細は、(11)〜(21)ページ参照）。

所属大学の学生としてメールを発信する様々な場面が、意識的に公私を使い分ける具体的な訓練の機会となることを自覚する必要がある。公的な場面におけるメールのルールとマナーは、学生時代の早い時期から意識的な訓練を積み重ねることで自然に身につく。就職活動を始める時期になって、自分の無知に気付いて慌てることもなくなるはずである。

また、個人の私的なメールアドレスは、重要な個人情報にあたる。安易に公表すると悪用される場合もあるということも理解しておくべきである。

メールの使用に際しても、社会の一員としての「公私の区別」を忘れてはいけない。

3 歴史的背景から理論的に「です・ます」表現を考える

A【概要】

まず明治日本語の歴史を概観する。明治以前の江戸時代までの文を通常「文語体」と称する。これは明治になって西洋語の流入に伴い、おもに小説などの分野で新たな文体を模索した結果、それまでの文体を廃し、話すように書くことを目的とした「口語体」を提唱したからである。だからといって、文章全体が会話の形で書かれるようになったのではない。文章全体がいわゆる「文語」で書かれるようになったのでもない。多くの文章はほとんど文語が使われ残存していた。逆に、江戸時代の「戯作《げさく》」でも、すでに会話の部分だけは「口語体」のように、当時の「会話」をそのまま写していた例がある。

明治一九（一八八六）年の物集《もずめ》高見の『言文一致』【明治文化全集第二〇巻所収（復刻版　日本評論社、一九九三年）】には、会話体で書けばやさしく読めるという主張がある。しかし、いわゆる「文語体」の文末を明治時代当時の「会話風に」書き直しただけでしかなく、文章の表現内容がやさしくなったり、丁寧になったりしているわけではない。同時代の二葉亭四迷や山田美妙のいわゆる「だ・である」調と「です・ます」調のように、形だけの文末の手直しでしかない。二葉亭四迷の小説の場合は、内容の変化が新しさを生んだ。以下に掲げる物集の例のように、古い内容の一部の言葉や末尾の部分のみの「書き直し」は新しいものを生み出さない。山田美妙が現代には残らず、二葉亭の小説が今なお新鮮である理由でもある。文末を「た」「で（だ）」「です・ます」などにすれば、やさしく読めるようになったり、新しくなったりするのでもない。

①物集の示した伊勢物語の例
（原文）むかし、男うひかうぶりして、奈良の京、春日の里に知るよしして、狩りにいにけり。

（書き直し）むかし、男元服して、奈良の京、春日の里に知行所して、狩りに行いた。
②物集の示した住吉物語の例
（原文）むかし、中納言にて、左衛門督かけたる人、侍りけり。うへ、二人をかけてぞ、かよひたまひける。

（書き直し）むかし、中納言で、左衛門督をかねた人がありましたが、妻二人をかけて、かよひたまうた。

B　『言語表現技術ハンドブック』で敬語の使い方を扱わない理由

本書が見知らぬ他者へ向けての「説明」と「事実の記述」による論理を中心として組み立てられているのは、ここまでの読者には自明であろう。自己と見知らぬ他者との間には「社会」が存在する。社会を構成する道具の一つが言語である。他者との間に、なるべく距離を置いて中立的に言語を使うことで「説明」は明快となり、「事実の記述」は生きてくる。

ただし、見知らぬ他者ではないものの、少しだけ知っている相手（たとえば、企業の人事担当者）に向けて書く（話す）ときには、距離をいくらか縮めることも必要だ。その場合、ほとんど距離のない仲間内の言葉やなれ合いの言辞を使ってはいけない。極端な敬語もかえってよくない。うわべや口先だけの敬意を装った言葉は相手に失礼な感じを与えることもある。「慇懃《いんぎん》無礼」とはそのことを指す。慇懃とは「丁寧」という意味だ。

C　ただし「緩衝材」としての表現が必要な場合がある

緩衝材とは自身が変形することで、外部からの衝撃や振動を和らげる機能を持つ資材である。梱包で用いられる緩衝材の代表は、俗に「プチプチ」と呼ばれる気泡緩衝材（「エアーキャップ」）である。

　敬意と言うよりも、やみくもに相手に寄りかからない適度な距離をつくるために、自己と相手との間の緩衝材として「です・ます」を使う。友達同士では「俺」「お前」を使っても良い。しかし、面接の場や実務的な手紙・電子メールでは「わたし・わたくし」が普通だろう。これも緩衝材としての言葉の一つである。日本語では二人称の「あなた」は使わずに、何々「さん」や役職名を使うのも相手との適当な距離をつくるためである。

　なお、「です・ます」は、先のＡ【概要】で述べたように、文末を当時の会話にしただけで、丁寧さだけを特に意識したものではない。相手との間に少し距離を置くための緩衝材として「柔らか」な感じを強めているわけだ。会話の中の「だ・である」は断定が強く感じられ、緩衝材となりにくいからであろう。

4 歴史的背景から理論的に句読点と横書き表現を考える

A【概要】

江戸末期から明治にかけて西洋崇拝の意識から、西洋語を学ぶ人が増えた。それに応じて横書きも増えたのでなく、日本語の文章は縦書きのままであった。初期においては、英語の辞書で原文は横書きとされていても、日本語の部分は縦書きのままであった。この最初期の例として『英和対訳袖珍辞書』一八六二年【後に『改正増補　英和対訳袖珍辞書』一八六六年、さらに『改正増補和訳英辞書』一八六九（明治二）年となる。】をあげる。英語の「A」の項は横書きで、それに続く日本語での説明は九〇度角度を変えた縦書きで「不定《フチヨウ》冠詞《クワンシ》ニシテ単称《タンシヨウ》名詞《メイシ》ノ前《マヘ》ニ在《アツ》テ一ツ又ハ或《ア》ルノ意《イ》ヲ示《シメ》ス」（筆者注、漢字の旧字体を現行字体に改めた）とある。また、句読点のないことにも注意すべきである。江戸時代までの文章には句読点はなかった。一部、漢文の読み下しの便宜のために区切りの漢字の横に「〇」が打たれることもあったが、これは今日の句点の「。」とは異なる。

さらには、明治一九年刊の『造家必携』（ジョサイヤ・コンドル口述　松田周次、曾祢達蔵筆記）【明治文化全集第二八巻所収（復刻版　日本評論社、一九九三年）】の句読点のない例を挙げておく（筆者注、漢字の旧字体を現行字体に改めた）。

夫レ家屋築造ノ術ハ其起源甚遠クシテ実ニ古ヨリ人生必需ノ者ナレバ世運益々開明ニ赴クニ従ヒ其関係モ益々広且大トナリ従テ造家学士タル者モ畢生ノ修学ヲ以テ尚尽ク其諸科ニ熟達スル事難キニ至レリ

このあたり以降からは西洋の文章を意識した「口語体」の運動に伴い句読点「。」「、」を用いることが一般的となる。ただし、横書きの文章はそれほど普及せず、一文字一行の縦書きの形を右から左へ読ませるという、特殊な横書き風の書き方が、新聞の見出しや書物の題字で普及するようになった。この場合、句読点は普通用いられない。明治以前から扁額《へんがく》（室内門戸に掲げる横長の額）や店の看板などでは当たり前の方法でもあった。この後の(9)・(10)ページの「D　補足的な事柄」実例⑧・⑨・⑩を参照。

B　参考資料

森本孝（兵庫教育大学）は「学校教育学研究、二〇一二、第二四巻」における「横書き句切り符号の混在状況に内在する問題」の中で「日本語の特長の一つに、縦書きにも横書きにも対応できるという便利な表記法がある」（筆者注、原文は横書き、句読点は「。」と「、」）と述べている。この論考の後半で森本氏は「縦書きと横書きで二通りの読点を使い分けている現在の状況は、タテ・ヨコ自在に書き表すことのできる国語の利便性を損なうものである」としアンケートの結果と考察を以下のように示している。平成二三年一月から六月にかけて、近隣の小・中学校八〇数校の教員を対象にし、調査の結果は六二校（九四八人）であったという（以下、引用部分の数字はアラビア数字を漢数字に直した）。

> 読点の将来的なあり方（展望）については、三〇・八％（二九二人）がどちらでもよいとしているものの、混在する現状のままでよいとする回答は二〇・五％（一九四人）に過ぎず、四七・九％（四五四人）が読点は統一されるべきと回答している。読点の混在状況について、回答者の約半数が読点の状況に疑問を抱いている、あるいは読点の混在に否定的だということである。

さらに、横書き句切り符号の混在状況に内在する問題についての結果を、森本氏は次のように述べている。

統一の方向性（テンかコンマか）については、コンマを推すのは全体のわずか三・七％（三五人）で、全体の三九・五％（三七四人）がテンに統一すべきとしている。これは、統一すべきとする回答者（四五四人）の実に八二・四％にあたる。

C　現在の状況

インターネットや電子メールの普及により横書きが増加し、縦書きが主流であった新聞においても、一九八〇年頃から横書きの記事を混在させ始めたようだ。この場合、新聞では縦書き主流の伝統意識によって、横書きにおいても縦書きの句読点「。」「、」をそのまま使うのが普通となった。同時にインターネットや電子メールもそれに追従する形になっている。句点を「。」に統一しているにもかかわらず、読点が「テン」と「コンマ」に分かれている官公庁の公文書でも「コンマ」派は少数であり、「テン」派が多数となっていることは、右の森本氏のアンケートの結果や、この後の⑼・⑽ページの「**D　補足的な事柄**」のデータを見ればわかるだろう。

5 付録

A 仮名遣いと数字の表記

① 現代仮名遣いについて

現代仮名遣いの原則は、同じ発音を同じ仮名で書き表す点にある。いいかえれば、一つの仮名は同じ読み方をするということになる。しかし、以下に示すように例外的な場合もいくつかある。

一 助詞の「は」「へ」「を」は「ワ」「エ」「オ」と発音するが、「は」「へ」「を」と表記する。

二 「言う」は、「ゆう」と書かずに、「いう」と書く。

三 長音(伸ばす音)は、ア列は「あ」、イ列は「い」、ウ列は「う」、エ列は「え」で書き表すが、オ列の長音は「う」とする。

〈例〉おかあさん　にいさん　ゆうがた　ねえさん　おとうさん　きのう

＊ただし、次にあげるものは、長音扱いせず、連母音と考えて、「お」と書く。

〈例〉いきどおる(憤る)　おおい(多い)　おおう(覆う)　おおかた(大方)
おおかみ(狼)　おおきい(大きい)　おおせ(仰せ)　おおむね(概ね)
おおやけ(公)　おおよそ(大凡)　こおろぎ(蟋蟀)　こおり(氷)
しおおせる(為果せる)　とおい(遠い)　とおる(通る)

とどこおる（滞る）　ほお（頬）　ほおずき（酸漿）

ほおのき（朴の木）　ほのお（炎）　もよおす（催す）

＊「とおり」を「とうり」と書く人が多いので、特に注意する。

四　「じ」と「ぢ」・「ず」と「づ」は原則として「じ」「ず」を使う。この四つの仮名は、江戸時代前半ごろまでは、発音の区別が意識されていたため、表記も区別されていた。しかし、現代では、一部の地域を除いて発音の区別はないので、次の場合を除いては、すべて「じ」「ず」と表記するのが原則である。

a　二語が合わさって、「ち」「つ」が濁音になった場合（二語の連合）

〈例〉　いれぢえ（入れ知恵）　はなぢ（鼻血）　みかづき（三日月）　――ぢから（力）

――ぢょうし（調子）　――ぢょうちん（提灯）　――づえ（杖）　――づかい（使い・遣い）

――づかみ（摑み）　――づかれ（疲れ）　――づき（付き・月）　――づきあい（付き合い）

――づく（付く）　――づくえ（机）　――づくし（尽くし）　――づくり（作り・造り）

――づけ（付け・漬け）　――づた（蔦）　――づたい（伝い）　――づち（槌・鎚）

――づつ（筒）　――づつみ（包み）　――づて（伝）　――づとめ（勤め）　――づま（妻）

――づまる（詰まる）　――づみ（積み）　――づよい（強い）　――づら（面）

――づらい（辛い）　――づり（釣り）　――づる（鶴）

b　「ちぢむ（縮む）」「つづく（続く）」のような場合（同音の連呼）

〈例〉　ちぢみ（縮み）　つづみ（鼓）　つづら（葛）　つづる（綴る）

＊ただし、「いちじるしい」「いちじく」などは、同音の連呼としては扱わず、「じ」と表記する。

② カタカナについて

以下のものについては、カタカナで書くのが原則である。

一　外国の人名・地名（固有名詞）

〈例〉 ショーン　アイルランド

＊ただし、アメリカを米国、イギリスを英国と書いてもかまわない。

二　外来語・外国語

〈例〉 コンピュータ　デフォルト

三　常用漢字表に載っていない動植物の名前

〈例〉 キリン（×麒麟）　サボテン（×仙人掌）

四　擬音語・擬声語

〈例〉 ガタゴト　トントン　ワンワン　ミャーミャー

③ 数字について

一　数字の種類

数字には、漢数字（一二三四……）・アラビア数字（１２３４……）・ローマ数字（ⅠⅡⅢⅣ……）などがある。

ローマ数字は順序を表す番号として用いる場合が多い。

第Ⅰ章　第Ⅲ章　第Ⅱ巻　第Ⅶ楽章　第Ⅴ巻

二　縦書きの文章の数字

通常、縦書きの文章では漢数字を用いる。ただし、縦書き文書で年月日を記す場合「二千三年十月十七日」とせずに「二〇〇三年一〇月一七日」のように表記することが多い。

三　横書きの文章の数字

横書きの文章ではアラビア数字を用いる。主に数量表示をする場合に用いる。

0,389　5,467　1,900,000

ただし、以下の場合は漢数字を用いる。

a　固有名詞・慣用句

〈例〉一重まぶた　二重橋　三つ子の魂　四国　五島列島　六道の辻　親の七光り
八丈島　九牛の一毛　七面鳥　九州　百日紅　千日前　百花園　八ヶ岳
四日市　三宮駅　五個荘村　千林大宮　百害あって一利なし　七五三の祝い
二卵性双生児　一翼を担う　三十六計逃げるに如かず　西国三十三所めぐり

b　概数

〈例〉数百人　二、三十日　四、五回　百数十人　六、七日　三、四社　数千回
一、二週間　数十社　五、六海里　四、五駅　数十歩　七、八パーセント
数十メートル

c　成語

〈例〉一部　二人三脚　一日千秋　一石二鳥　二塁ゴロ　七福神　孟母三遷　十方
四面楚歌　三顧の礼　朝三暮四　面壁三年　八面六臂　千載一遇　三等親
二束三文　百鬼夜行　無一物　村八分　七転び八起き　二の舞　三段論法

d　大きな数

〈例〉　万　億　兆　二千万円の貯金　百億光年彼方の銀河　六兆円の国債

B　注意すべき用語の約束

不用意に用いると、相手に誤解を与える言葉がある。特に、数字を含む・含まないにかかわる表現には注意を要する。以下にその主なものを示す。

〔以上・以下〕いずれも基準になる数字を含む。

〈例〉　一〇〇万円以上――一〇〇万円を含む

〈例〉　一〇〇万円以下――一〇〇万円を含む

〔超え・超過・未満・満たない〕いずれも基準になる数字を含まない。

〈例〉　三〇〇万円を超えた場合は課税対象――三〇〇万円は対象外

〈例〉　一八才未満お断わり――一八才はかまわない

〔以前・以後・以降〕いずれも基準点になる数字を含む。

〈例〉　一二月三一日以前は有効――三一日まで有効

〈例〉　一二月三一日以後は無効――三一日から無効

〈例〉　一二月三一日以降は無効――三一日から無効

〔前・あと〕いずれも数字を含まない。

〈例〉　転居しようとする日前三〇日までに家主に通告する義務がある。

四月一日に転居しようとするときは、三月三一日を第一日として逆算すると、三月二日までに通告しなければならない。

〈例〉誕生日のあとは無効——誕生日の翌日から無効

〔ら・はじめ〕名詞に続き、そのものを含む。

〈例〉職員ら五人——総員で五人

〈例〉社長はじめ五人——総員で五人

〔ほか・以外〕名詞に続き、そのものを含まない。

〈例〉社長ほか五人——総員で六人

〈例〉関係者以外立入禁止——関係者は入ってもよい

〔から・より〕「から」は、時間的・空間的意味における起点を表す場合に用い、「より」は、比較を表す場合に用いる。

〈例〉東京から博多まで

〈例〉今日から交通安全週間がはじまる。

〈例〉会議は一時からはじまる。

＊右の例の場合、通常は「東京より」「今日より」「一時より」とは言わない。

〈例〉大阪より東京のほうが緑が多い。

〔および・ならびに〕いずれも併合的接続詞

a　語句が2個の場合は、つねに「および」を用いる。

〈例〉文書の企画および立案

b　同列のものが3個以上続く場合は、最後を「および」でつなぎ、それ以前は読点（、）でつなぐ。

〈例〉予算、決算および会計に関すること。

c　語句に段階がある場合は、大きなつなぎに「ならびに」を用い、小さなつなぎに「および」を用いる。

〈例〉工学部建築学科および応用化学科の学生、ならびに知的財産学部の学生

〔または・もしくは〕いずれも選択的接続詞

a　語句が2個の場合は、つねに「または」を用いる。

〈例〉文書の企画または立案

b　同列のものが3個以上続く場合は、最後を「または」でつなぎ、それ以前は読点（、）でつなぐ。

〈例〉停職、減給または免職の処分

c　語句に段階がある場合は、大きなつなぎに「もしくは」を用い、小さなつなぎに「または」を用いる。

〈例〉これを小学校または盲学校、聾学校もしくは養護学校の小学部に入学させる義務を負う（学校教育法・二二条・一）

C　手書きの注意

行だけが印刷された用紙に書くときの注意事項を以下に示す。

手書きの文字は、その美しさを問題とするのではない。読む人のことを考えて、見やすく書く心がけが必要である。

マス目がなくても、ほぼ同じくらいの大きさで書くのがよい。ただし、ある程度のメリハリが利いていることが、読む側にある種の読みやすさを与える。

すべての文字が同じ大きさである必要はない。漢字は大きめに、ひらがな・カタカナは、すこし小さめにする。

線はしっかりと書き、最後まで力を抜かない。筆圧の強さは書いた人の自信を表すと考える人もいる。ある企業では、手書きの履歴書の文字の明確さと全体のバランスを採用の判断材料にしているという。
自己紹介書などの正式書類の場合、ワープロを使って何度も書き直して完全原稿を作り、それを手書きで清書することが望ましい。

個別注意事項
1、句点(。)・読点(、)は、ハッキリ区別する。
2、カタカナ・ひらがなに、おかしな書き癖がついている人は、できるだけ早くなおすよう心がける。(まぎれやすい字)
〔例〕ソーン　シーツ　スーヌ
ユーコ　テーラ　アーマ
ナーメ　マーヤ

D　原稿用紙の用い方（縦書）

（①〜⑦は、70ページの項目番号）

　「明日はない」と知ったとき、人はいかに
行動しうるだろうか？「明日がなければ今日
の意味はない」と、私ならうろたえそうだが、
誰もがそうだろうか？
　エバリスト・ガロアは、そう考えなかった。
一八三二年五月二十九日の夜、彼は残された
最後の時間を使って、親友に長い手紙を書い
た。自分が生み出したものを伝えるためであ
る。
　彼は決闘を翌日にひかえていた。女性問題
にからむ問着だといわれているが、インフェ
ルトは、『ガロアの生涯―神々の愛でし人』
（市井三郎訳）で、政治闘争にからむ秘密警
察の謀殺だったと推論している。ガロアは、
自分の頭脳活動は、その晩で最後になること
を知っていたのだ。

※日本経済新聞二〇〇三年八月十九日（火）
夕刊第一面、野口悠紀雄「数学を変えた十三
時間」より一部抜粋。

原稿用紙の用い方（横書）（①〜⑧は、70ページの項目番号）

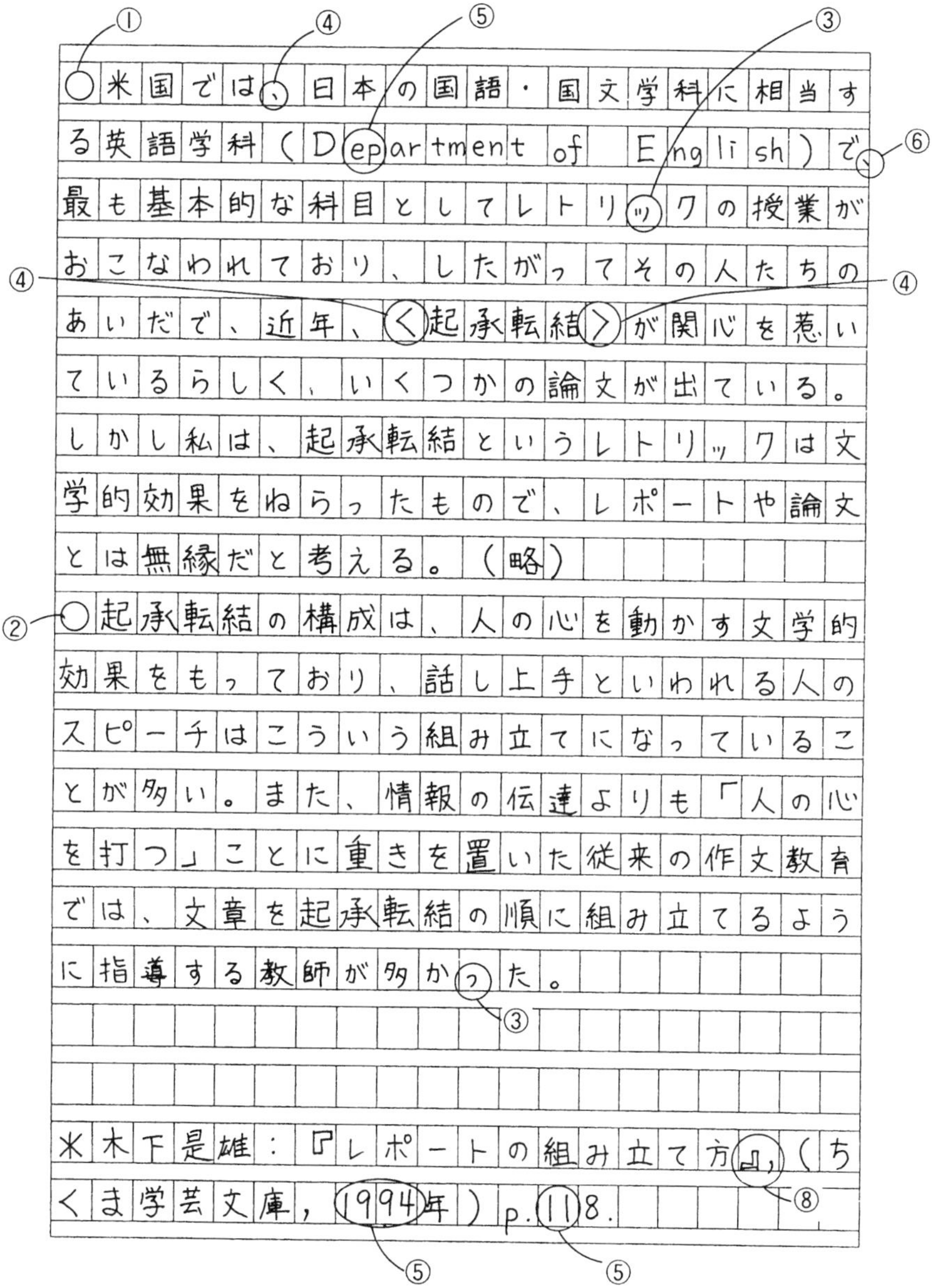

　米国では、日本の国語・国文学科に相当する英語学科（Department of English）で、最も基本的な科目としてレトリックの授業がおこなわれており、したがってその人たちのあいだで、近年、〈起承転結〉が関心を惹いているらしく、いくつかの論文が出ている。しかし私は、起承転結というレトリックは文学的効果をねらったもので、レポートや論文とは無縁だと考える。（略）

　起承転結の構成は、人の心を動かす文学的効果をもっており、話し上手といわれる人のスピーチはこういう組み立てになっていることが多い。また、情報の伝達よりも「人の心を打つ」ことに重きを置いた従来の作文教育では、文章を起承転結の順に組み立てるように指導する教師が多かった。

※木下是雄：『レポートの組み立て方』，（ちくま学芸文庫，1994年）p.118.

E　履歴書自己紹介欄（手書きのエントリーシート）の例

自己PR	私の性格的な長所などを中心として	私の長所はリーダーシップがあることです。大学で所属していた茶道部では、クラブ全体をまとめていました。部員が増えた時、部会での決定事項が正しく伝わらなくなり、部がばらばらになってしまったことがありました。この時、私の発案で部会ノートを作りました。その結果、部員の意見を取り入れやすくなり、部をまとめることに成功しました。貴社に入社後も、多くの意見を取り入れられるような工夫をしたいと考えています。
	私が大学生活を通じて学んだことを中心として	人と真剣に向き合うことの大切さを学びました。大学1年から4年まで茨木市教育委員会でキャンプカウンセラーをしていました。中学生と5泊6日のキャンプを行なった時、班の中でいじめが発生しました。初めて会う子どもたちのキャンプだったので、意思の疎通ができなかったことが原因でした。この時、1人1人と向き合い話し合うことで、いじめを解決することができました。社会に出ても人と真剣に向き合い、問題を解決したいと考えています。

67%縮小

注意事項

形式

1　行頭・行末は2㎜程度空ける。
2　黒のペンまたはボールペンで記入する。
3　丁寧な読みやすい字を書く。
4　修正液を用いてはいけない。間違ったら何度でも書き直す。
5　１行字数をできるだけそろえる。
6　指定された欄をすべて埋めるように書く（余白を作らない）。
7　指定された欄からはみ出さないように注意する。
　＊ワープロソフトで下書すれば、6・7は簡単に守れる。

内容

1　冒頭に結論を示す。
2　要点をひとつに絞る（箇条書きはしない）。
3　個別具体的な「事実」を記す。

F　自己点検表

演習·レポートなどの一番上の右肩に綴じて一緒に出す。

自己点検項目 提出前に、A～Lを念頭において読み直すこと。 (周りに人がいないときは音読する) よい場合は○、ダメな場合は△を付け、修正したのちもう一度点検・修正すること。	チェック欄	修正確認欄
A　「です」·「ます」を用いていないか		
B　「のだ」·「のである」を用いていないか		
C　一文の長さは適正か（目安は2行以内）		
D　曖昧接続の「が」はないか		
E　主述は呼応しているか（ヨジレはないか）		
F　「そして」·「さて」·「ところで」などを用いていないか		
G　「非常に」·「絶対」などを用いていないか (原則の【各論】⑦・⑧は守れているか)		
H　「思う」「私は～思う」を用いていないか		
I　俗語的表現(「べからず集」参照)を用いていないか		
J　カタカナ語を多用していないか		
K　「無い」「様だ」など不必要に漢字を用いていないか		
L　誤字・脱字はないか		
M　体言止めを用いていないか		
☆　手書きの注意を守っているか		

自己点検表が必要な理由

① 自分の書いた文章には責任を取らねばならないから。書きっぱなしは自己責任の放棄である。

② 書き終わったら別の人間となって自分の文章を読み返すべきだから。第三者の目を持つことが他者に負担をかけない文には必要だ。

③ ある種の強制がなければ自分の文章を読み返すのは難しいから。人は面倒くさがりな動物である。

＊本書83ページ「書くときの教訓九カ条⑧」参照

【参考となる本】

A　現在入手可能な基本的な本

鈴木孝夫『ことばと文化』岩波書店（岩波新書）、一九七三年。

鈴木孝夫『日本語と外国語』岩波書店（岩波新書）、一九九〇年。

木下是雄『理科系の作文技術』中央公論社（中公新書）、一九八一年。

木下是雄『レポートの組み立て方』筑摩書房（ちくま学芸文庫）、一九九四年。

B　さらに深く言語について考えたい人に勧める本

鈴木孝夫『武器としてのことば』新潮社（新潮選書）、一九八五年。

鈴木孝夫『日本語は国際語になりうるか』講談社（講談社学術文庫）、一九九五年。

鈴木孝夫『鈴木孝夫著作集』（全八巻）、岩波書店、一九九九―二〇〇〇年。

木下是雄『木下是雄集』（全三巻）、晶文社、一九九五―一九九六年。

野口悠紀雄『「超」整理法』（全四巻）、中央公論新社（中公文庫）、二〇〇三年。

野口悠紀雄『「超」文章法』中央公論新社（中公新書）、二〇〇二年。

C　多少内容は古いが現在でも役立つ部分の多い「古典的」な本

清水幾太郎『論文の書き方』岩波書店（岩波新書）、一九五九年。

板坂元『考える技術・書く技術』（正・続）、講談社（講談社現代新書）、一九七三年、一九七七年。

D　別分野のようだが文章と考え方が本書の言語表現技術につながる本

ロゲルギスト『物理の散歩道』（第一集～第五集）、岩波書店、一九六三―一九七二年。

ロゲルギスト『新物理の散歩道』（第一集～第五集）、中央公論社、一九七四―一九八三年。

　本書に登場した木下是雄もメンバーの一員であるグループが書いた本。日常のささいな疑問を様々な角度から考えた成果が、平明なよい文章で書かれている。

齋藤正彦『数とことばの世界へ』数セミブックス5、日本評論社、一九八三年。

　数学的考えが論理を通して言語の世界につながることを示してくれる。

E　西洋において「原理」や「一神教」が重要な考え方となった背景やそれに対する日本の多神教的世界についての説明がある本

岸田秀『一神教VS多神教』新書館、二〇〇二年。

木田元『反哲学史』講談社（講談社学術文庫）、二〇〇〇年。

司馬遼太郎『この国のかたち』（一）～（六）、文藝春秋（文春文庫）、一九九三―二〇〇〇年。

司馬遼太郎『司馬遼太郎が考えたこと』（一）～（一五）、新潮社、二〇〇一―二〇〇二年。

　以上の三人のほとんどの著作（ここに挙げた以外も）はすべて本書でいうわかりやすい「説明」となっている。

あとがき

まず、鈴木孝夫、木下是雄両氏にこの場を借りてお礼を申し上げたい。

両氏がおられなければ、日本語についての言語表現技術や日本語への言語学からの理論的研究の分野は、今日なお未開の原生林のままだったといっても過言ではない。

両氏には多くの著作があり、その学恩を受けて本書は書かれた。第Ⅰ部では、両氏の耕された畑に、言語学や言語表現に関して、別の側面から理論的な新しい苗を何本か植えたつもりである。また、第Ⅱ部が安直な形式的な技術指南書ではなく、第Ⅲ部がたんなる教科書風の演習でもない体裁の本になることを目ざすことができたのも、両氏が開拓された日本語についての独創的な開墾地に、何本かの新しい畝を作れたからである。

今日「鈴木理論」も「木下言語技術」も以前よりは日本で広まったかに見える。しかし、日本の湿った人間関係（もたれ合いに基づく心理関係でもある）や感情過多の文学偏重・作文や感想文教育への偏向（小説および小説家への過剰な思い入れでもある）による言語表現への迷信（文章読本の類いの文章の基本は文学青年崩れの中年・老年のためのものでもある）は生き残っている。

さらに近年、古き良き日本の伝統回帰風の「美しい日本語」論や日本人の同一性の回復を目ざす「精神的日本語」論などという類の本が巷に溢れている。このような状況では「言語表現技術」はまだ、特別な「理科系」や「理屈っぽい」という形容のことばのついたものと見なされるのは確かであろう。「言語表現技術」が特別なものではなく開かれた人間関係への足がかりとなり、日本の社会に確実に定着する日が早く来ることを願って、あとがきの一部としたい。

次に、出版に至った経緯の概略を述べておきたい。

前記、鈴木・木下の両氏が登場され日本語の文章を書く意識に変革をもたらす新風を吹き込んだのは、三〇年近くも前のことだ。一時は、その風が日本における文章を書く方向を変えるのではないかと期待したのであった。しかし、日本の風土に根強い作文や感想文好きの教育の前に大きな変化を与えることはなかったようである。現在も、小中学校から高校さらに大学まで、感性を養うという名目の元に妙な文学趣味の教育は広く深く根を張っている。一方で大学生がレポートを書けず、職業人として最低限必要な文章の基礎すらないという状況がある。正常とは言い難い、このような日本の言語教育を以前から疑問に思い、大阪工業大学「言語表現技術研究会」を立ち上げた。少数のスタッフではあるが、二〇年以上前から蓄積してきた経験と知識を基に、一〇年ほど前から言語表現演習を試行錯誤を重ねつつ行ってきた。大阪工業大学には、考えることや演習作業の好きな学生が多く、十分な手応えと反応が得られた。そこで、二〇〇三年九月に大阪工業大学言語表現技術研究会編『言語表現技術ハンドブック』を学内版として出し、さらに翌年三月には内容を増やし改訂版を作成した。その背景には知的財産学部の誕生と同学部での言語表現演習の開始や一部専門学科における言語表現演習への入門的取り組みという動きがある。

学内版『言語表現技術ハンドブック』発行後、多くの方々の協力と助言をいただき、さらに拡大した言語表現演習を行う時機が到来した。拡大して取り組むには、学内印刷では諸般の事務雑用の負担や部数の限界もあり、正規の出版が望ましい状態となった。そこへ晃洋書房との間に出版の話がまとまり、このような体裁の本となった次第である。ここに至るまでに多くの方々からの励ましと貴重なご意見がいただけたことが、本書の出版の追い風となった。

この先は、先学の開墾の地の先に、新たな干拓地を造成する段階になるかもしれない。改訂版への埋め立てのために、今後も読者諸氏の暖かい助言の土砂をいただければ幸いである。ダンプカー一杯の励ましの土砂もうれしいが、ささやかな一握りの辛口の砂が大海を埋める大きな力にもなる。

二〇〇五年一月

大阪工業大学言語表現技術研究会

改訂版　あとがき

全体について細かな修正をほどこし、第Ⅱ部の「1 第三者に説明するための文章を書くときの原則」に補足7・補足8を付け加えた。第Ⅳ部の「1 エントリーシート」については大幅な改訂と補足をした。

また、あらたに重要事項索引を巻末に付した。本書のすべてを理解し習熟した後に、文章を書こうとして行き詰まったときに、活用できるように作成した。もちろん疑問点を持ったときに引く索引の面もあわせ持つようにもした。行き詰まりを全体的な視野から解決するには、目次の後のxページ「言語表現技術への提言」の大局的なまとめがある。さらに具体的な局面では83ページの「書くときの教訓九ヵ条」も役立つはずだ。しかし、ほんの少しのヒントから、文章についての悩みや疑問を解くきっかけが手に入るときもある。そういう形での活用にこの索引を役立てて欲しい。自分の文章の方向性が定まらないときがある。どれを採りあげて書けばいいのかがわからない。読み直してみると曖昧で統一性がない。どこまで踏み込んで書けばいいのかがわからない。などという場合があるだろう。そういうときに、どうすればいいのかを「考える」手助けになるような事項を選んだ。何かを探そうというのでないときにも、重要事項索引を眺めているうちにヒントが発見できることもある。本文中では離れた場所にある事項でも、何か一語に着目して、相互に参照しながら一緒に読むことで、新しい局面を自分で発見できる。

一例として「他者」という語を取りあげよう。「他者」の単独の意味よりも「他者との間で検証／他者との人間関係／見知らぬ他者／他者に向かって説明／他者に開かれた」などの項目を関連づけて、本文を再読することで、何らかのヒントが得られるはずだ。「検証」「人間関係」「見知らぬ」「に向かって説明」「に開かれた」など「他者」

という語との繋がりから、導き出される内容がより重要である。これらによって、他者を意識して文章を書くことの必要性が、本書で指摘されていたことを思い出すことができる。そこから、自分にのめり込んで他者を意識した文章が書けていないという欠点を発見できる場合もあるはずだ。自己の感情に流されることなく、他者に対して開かれた文章を書くことの重要性が、言語表現技術の本質でもあることに気づけるだろう。

これからさきも、時に応じて本書を読み返し、索引を眺めることで『言語表現技術ハンドブック』の精神を脳髄によみがえらせ、文章を書くときの参考になれば幸いである。

初版と同じく、すっきりした読みやすい版面構成は晃洋書房編集部の丸井清泰氏のご尽力による。記して感謝いたします。

二〇〇八年一月

大阪工業大学言語表現技術研究会

改訂版第三刷　あとがき——あとがきはさらに未来へと繫がる

振り返れば、二〇〇三年に大阪工業大学の学内用パイロット版を作成してから七年が経つ。この改訂版第三刷において、修正と補足を加えて一応の完成に至った。先人や多くの方々の助言と協力の賜物である。記して感謝の意を表しておきたい。

二〇〇三年五月に小惑星探査機「はやぶさ」がこの地球を旅立ち、二〇一〇年六月に帰還するという快挙を成し遂げた。「はやぶさ」の計画は、遠く一九五五年の糸川英夫のペンシルロケットの実験を淵源とする。糸川氏は人まねの嫌いな人であった。その精神を受け継いで「はやぶさ」計画は成功する（的川泰宣『小惑星探査機はやぶさ物語』日本放送出版協会〈生活人新書〉二〇一〇年）。本書の大恩人である木下、鈴木両氏も独創の人である。その土壌があって初めて本書は成立した。「はやぶさ」打ち上げと軌を一にしたように、本書が始まり、帰還の年に最終的な完成の域に達したことは、個人的に感慨が深い。

現在、この『言語表現技術ハンドブック』を母体として、『別冊』と『続編』を計画し試行しつつある。

前者は、言語によって自己を探求し、言語によって自己を表現することを目指している。それは、本書「はじめに」に記した言語表現技術の精神とひと続きのものである。以下に改めて引用する。

> 言語表現技術は、自分の調べたことや作ったものなど、自己の行為の結果を説明するためにある。ただし、自分を振り回さず、他者に負担をかけるべきではないという心構えは必要である。

既に『個が社会と出会うためのハンドブック』と題して、学内用パイロット版を作成した。二〇一〇年秋には、工学部・知的財産学部の二〇一二年三月卒業・修了予定者を対象とした講義を試行している。「個人」と「社会」との接点から、言語表現技術を応用するワークブックとしての完成を目指す。

後者においては言語表現技術のさらなる展開を「調査」と「思考」の両面から捉えようとしている。中心点は言語化されうるもののみを考える対象とすることにある。「考える」は以下の二点を目指す。事実を調べることと、それに基づいた思考を他者に向かって、いかに言語のみで表現するかという技術である。

「はやぶさ2」の打ち上げは、二〇一四年であるという。この二冊を同時期までに完成できるように、遥かなる小惑星に向かって願いをこめる。

二〇一一年一月

編著者代表　林　治郎

新版　あとがき

諸般の事情で予定より早く「新版」を出すことになった。第Ⅳ部は、時代の流れに合わせることもあり、ほとんど新稿である。他の箇所についても修正は加えている。しかし、初版発行時の内容はいささかも古びていないはずである。前回のあとがきに書いた二つのうちの一つ（学内版言語表現技術ハンドブック別冊）は達成したが、宿題が一つ残った。その半分を今回の第Ⅳ部・第Ⅴ部でかたちにできた。ハヤブサ2の打ち上げよりは遅くなったものの、ほぼ同時期に新版を刊行できて、ほっとしている。

今回の新稿の主眼点は引用と電子メールと近代日本語の歴史に関わる問題である。

本文で述べられなかった点を三つ補足しておきたい。

まず、引用と盗用の問題について述べる。インターネットの普及によって、簡単に他者の著作物をコピーすることができるようになった。それが盗用にあたることすら認識できない人が増えている。『理科系の作文技術』に示された研究に対する真摯な姿勢を例とすることで、今日話題になっている「研究倫理」についても問題提起ができたのではないか、と考えている。

次に、読点を問題とする。息継ぎのところで、あるいは自分に区切りのいいところで、読点を打つというのは形式優先の風潮である。本書はその立場には反対である。他者に誤りなく説明しなければならないのが「言語表現技術」の原則であるからだ。自分に都合のいい区切りはいらない。相手に理解して貰うためには、文の内容に応じて読点は打たれるべきだ。文書全体のバランスから、たとえば「ひらがな」の分量が多ければ読点を増やして相手に読みやすくするというようなことだ。相手がいてこその「説明」であることを忘れてはいけない。

最後に敬語の問題に少しふれる。本書で敬語を扱わないというのは、敬語はいらないということを主張しているわけではない。敬意が存在しない人間関係の中で、敬意を持てない相手に敬語を使っても意味がないからだ。互いが相手に敬意をもてる人間関係を築くことが肝要である。そのことは本書で述べている言語表現技術の範囲を超えている。各自が良好な人間関係を、社会の中で作れるようにするべく、生きようとする覚悟を持つことが必要だろう。

前回のあとがきで言及していた、ハヤブサ１は様々なトラブルを乗り越えて地球に帰ってきた。困難を乗り越えられたのは、形式にこだわらない技術者たちの「技術」であった。サンプルリターンという目標があった。その実現のためには、うわべの形式にこだわらず、失敗に見えるかのトラブルを、どう次に生かしていくかという「技術」に負うところが多かったはずだ。この技術は、長い年月にわたって受け継がれてきた「型」の繰り返しであった。この場合の型とは、同じことの単なる繰り返しではなく、手間ひまをかけた、工夫や改良に基づく実質的内容に関わるものである。具体的詳細は山根一眞『小惑星探査機「ハヤブサ２」の大挑戦』（講談社ブルーバックス、二〇一四年）参照。

本書で繰り返し述べてきた「手間ひまをかけた型は内容である」という言語表現技術の基本と「ハヤブサ」の技術には、あい通じるものがあると、自負している。

ハヤブサ２の帰還までにはさらに内容を充実させ、さらに次の段階へと進めるべき態勢を整えたい。そのために、「やまびこ言語文化研究所」を今春に発足させ、「言語表現技術の会」の事務局をその中に置くこととした。

二〇一五年二月

編著者代表　林　治郎

言語表現技術の会　会員一覧〈執筆担当・協力部分〉

岡田三津子（おかだ　みつこ）〈提言〉〈第Ⅱ部１・２・３・４・５・７〉〈第Ⅳ部１・２・第Ⅴ部資料編２〉
後藤　博子（ごとう　ひろこ）〈手書きの注意〉
林　治郎（はやし　じろう）〈はじめに〉〈提言〉〈第Ⅰ部〉〈第Ⅱ部１・６・７〉〈第Ⅲ部〉〈第Ⅳ部３・４・第Ⅴ部資料編１のＡ・Ｄ〉〈重要事項索引〉
松本　大（まつもと　おおき）〈重要事項索引〉
吉村　大樹（よしむら　たいき）〈第Ⅴ部資料編１のＢ・Ｃ〉

言語表現技術の会は「ものを調べ、ことがらを平明に説明する大事さを忘れ、心の中をのぞき込むという迷妄を行ってきた日本の言語教育に背を向ける」ことから始まった。

「型を習得して、型から自由に」を旗印に「見知らぬ第三者に向けて文章をどう書くか」「事実をどう説明するか」のために「開かれた人間関係」のなかで「開かれた言語表現技術」が獲得できることを目ざしている。

新　版
言語表現技術ハンドブック

2005年 4 月30日　初　版第 1 刷発行
2006年 4 月15日　初　版第 2 刷発行
2008年 4 月30日　改訂版第 1 刷発行
2013年 4 月15日　改訂版第 4 刷発行
2015年 4 月20日　新　版第 1 刷発行
2024年 4 月25日　新　版第 4 刷発行

＊定価はカバーに表示してあります

編著者　林　治郎
　　　　岡田　三津子 ©
発行者　萩原　淳平
印刷者　田中　雅博

発行所　株式会社　晃　洋　書　房
〒615-0026　京都市右京区西院北矢掛町 7 番地
電　話　075(312)0788番(代)
振替口座　01040-6-32280

ISBN978-4-7710-2632-2　　印刷・製本　創栄図書印刷㈱

重要事項索引

●言語表現技術を生かすために、頭を使い、手を使って考える上で重要な事項に限って項目を選んだ。目次によってわかるような大項目は意図的に省いた。[例]「文章を書くときの原則」は目次の「第三者に説明するための文章を書くときの原則」によってわかるので省く。

●主な方針と活用の仕方は「改訂版あとがき」を参照。

●見出し語の後に、一字下げでその見出し語を含む語句を小見出しとして示した。[例]「意見の溝」「事実の記述か意見か」は見出し語「意見」の小見出しとして配置した。

●見出し語・小見出しともアイウエオ順に配列した。

●なお、カッコつきのページ数は、巻末「第Ⅴ部　実用編および理論的補足【資料編】」におけるページ数を表す。

〈ア　行〉

〈カ　行〉

〈サ　行〉

第Ｖ部

実用編および理論的補足

【資料編】

1　横書きの「原稿」を書くときに気をつけること

A　句読点は縦書きの時と同じように「、」「。」を使うのが原則である

本来の日本語の文章の原則である「、」「。」を使うのを第一とする。逆に英文の原稿の中に「、」「。」が使われていたら、英語を母語として使用する人は明らかに間違いだと指摘するだろう。「, 」「. 」は数式・化学式の比較的多い日本語の原稿では使うこともある。なお、電子メールの項（本書⒀ページ）にも示してある通り日本語のメールでは「、」「。」を用いる。

裁判所の判例は「, 」「。」方式なので、司法試験の論文には、そうする方がよいと司法試験の「受験対策」法にはある。その他の横書きの公文書については、役所によって異なっている。**「D　補足的な事柄」**の項を参照のこと。

ただし、実際に印刷される場合には、その分野の学術誌や大学の紀要の方針、出版社の意向などによって様々な形態がある。以下に実例を示す。

実例①片岡義男の文。『英語で言うとはこういうこと』角川書店（one テーマ21）、2003年。「不幸があった」の項より。

> There is a book on the table. という文例が、中学校の英語の教科書にあったのを、いまでも僕は覚えている。ほとんど意味のないこういう文例よりも、彼のところに不幸があった、There was a death in his family. という文例のほうが、より強い実感をともなって記憶されるのではないか。
>
> 【補足】日本語の文は「、」「。」で統一されているのに、英文の部分には「. 」が使われていることに注意。

実例②中村良夫の文。『Ｆ１グランプリ　時とともに』二玄社、1985年。

第１次世界大戦は、それまでの機械技術の主導的な推進役を果たしてきたクルマ技術を、主導者から従導者の地位に格下げしてしまった。新しい主導者は、（１次）大戦中にアッという間に急速に開花してきた航空機技術であった。

【補足】縦書きでは「一次」が普通のところを横書きでは「１次」も可となる。ただし、縦書きでは「一次」と書く方がよい。

実例③戸田奈津子の文。『スターと私の英会話！』集英社（集英社文庫）、2003年。

一度、彼と仕事をしたことがあるが、そのとき、ジム（注）はこんなことを言ってた。

“When I was a little kid, I was always looking in the mirror making funny faces. My parents were very,very worried!”

「ぼくは子供の頃、いつも鏡を見て、ヘンな顔ばかり作っていた。それを見て両親は、とてもとても心配気だったけどね！」

きっとジムのご両親は、いつも彼にこう言っていたに違いない。

“If you keep making faces, they will get stuck forever.”

「そんな顔を作ってると、ずっとそんな顔になってしまうよ」

（引用者注）米俳優のジム・キャリー。

【補足】英文の“　”が日本語の文では「　」にされていることに注意。横書きだからといって日本語の中に英語の記号を混ぜて使うのは変である。なお、一度は慣用表現なので、横書きでも１度を用いない方がよい。

実例④ポール フレールの文。『ハイ スピード ドライビング』（小林彰太郎・武田秀夫訳）二玄社、1966年。「制動」の項より。

物質は不滅である。エンジンの中で燃えた燃料の熱エネルギーは運動のエネルギーに転換される。車の走行中，このエネルギーは車の各部のベアリングやタイヤに発生する熱や空気抵抗によって起る熱に再び還元される。最終的にはこれらの熱は周囲の空気に吸収されてしまうのである。ブレーキをかけるという作用も，いってみればこの過程を促進するだけである。すなわち，ブレーキドラムあるいはディスクを急激に熱して，短時間に多くの運動エネルギーを吸収させるにすぎないのである。

【補足】句点は「。」であるのに、読点が「，」になっている。古い横書きの翻訳の場合やパソコン関係の本にはよくある。しかし、不統一は好ましいことではない。日本語表記の「、」と「。」に統一すべきであろう。

実例⑤志村五郎の文。『数学の好きな人のために』筑摩書房（ちくま学芸文庫）、2012年。「３．確率についての雑感」の項より。

雨が降るとか降らないとかはっきり言える場合もあるが，たいていの場合，それは不可能であって，それは確率でしかいえないのである．その女流作家はそれがわからず無知を棚に上げて文句を言うことに懸命であったのである．

【補足】この本はほとんどが数式とその説明であり、それに合わせて日本語だけの部分も、「，」「．」に統一されている。

実例⑥『類語大辞典』講談社、2002年。「此の野郎」の項より。

いかりをこめて、他人をののしる言葉。

【補足】日本語の国語辞書には少数派の「横書き」の辞書ではあるが「、」と「。」が使われている。

実例⑦『英語クリーシェ辞典（もんきりがた表現集）』研究社、2000年。see a

man about a dog「犬のことで人に会う」の項より。

部屋を出る際、行き先を明かしたくないことを冗談めかして言うのに使う。Well it's time I went. I have to see a man about a dog.（さあ、もう行かなきゃ。ちょっと野暮用があるんでね。）時にトイレに行くことの婉曲語法として、主に男性が用いる。19世紀末広く使われるようになり、現在も用いられる。

【補足】これは英語の横書き辞書ではある。英文では「,」「.」に対して、日本語の文では「、」「。」と使い分けられている。なお、この辞典の原著者のベティ・カークパトリックによればクリーシェとは「軽蔑的な用語であり、当初の新鮮さを、さらにはその有効性を失った、にもかかわらず広く使われ、時には愛されてもいる表現を指す」（柴田元幸訳）とある。

B　縦書きでは許されても横書きで使うのは好ましくないものを示す

①　繰り返し符号。「々」をのぞき、「ヽ」や「ヾ」は用いないほうがよい。

②　また、「々」も、「民主主義」や「学生生活」のように、別の語の一部に含まれていると思われる場合は使わないほうがよい。

③　なお、「上と同じ」という意味で用いる「〃」は、表や簿記などでは使用してよい。

C　手書きで横書きする際の注意事項および横書き記号の使い方

①　横書きの場合も、縦書きの場合と同様に行末まで文字を詰める。横書きに慣れていないと、行末（右端）まで文字を詰めず、勝手に行を改める傾向が見られる（縦書きでも、行末まで書かずに改行する間違いが見られる）。

②　振り仮名（ルビ）は文字の上につける。

③　傍線は文字の下につける。

④　中点「・」は事物の列挙や外来語を用いるのに用いる。

【例】アジア・アフリカ研究所　ハーフ・タイム

⑤　コロン「：」は、コロンの左側の項目についての説明を右側に書く。

【例】時：平成25年１月11日

D　補足的な事柄

①　昭和27（1952）年に内閣官房長官名で出された「公用文作成の要領」（昭和27年４月４日付け内閣甲第16号内閣官房長官依命通知）「第３　書き方」には【句読点は、横書きでは「,」および「。」を用いるとなっている】とある。

しかし、これは、あくまで指針であり、官公庁の横書き公文書は、それぞれの省庁などが独自の方針で「、」もしくは「,」を使用している。都道府県の役所も、また様々である。

事例①「、」を用いる国の横書き公用文の多数派（判明分）は以下のとおり。

衆議院・参議院、内閣法制院、内閣府、国家公安委員会・警察庁、防衛省、金融庁、総務省、外務省、財務省・財務局、国税庁、文部科学省、厚生労働省、農林水産省、経済産業省、国土交通省、環境省、会計検査院、裁判官弾劾裁判所、特許庁、国立国会図書館、日本銀行、気象庁、海難審判庁などである。

事例②「,」を用いる国の横書き公用文の少数派（判明分）は以下のとおり。

文化庁、法務省・公安調査庁、最高裁判所、公正取引委員会、宮内庁などである。

なお、司法試験の問題は上位機関の最高裁判所にあわせて「,」であり、弁理士試験の問題は上位機関の特許庁にあわせて「、」であり、看護師試験の問題は上位機関の厚生労働省にあわせて「、」である。

②　特殊な横書きの例を示しておく。

実例⑧置措常非へ破突機危済経

（筆者注、朝日新聞、1946（昭和21）年２月11日の見出しの一部。右から左へ読む。明治から戦後（1945年）しばらくまでは、ほとんどの新聞の横書き見出しはこういう形であった。）

実例⑨水流雲行

（筆者注、扁額の例。右から左へ「こううんりゅうすい」と読む。）

実例⑩屋後越

（筆者注、看板の例。右から左へ「えちごや」と読む。）

③　日本で発行されている英字新聞の「日本語のコラム」は英語の「,」「.」ではなく、日本の新聞の編集方針に合わせて「、」「。」を用いる。また、縦書きが主体の本の横書きコラムも本文に合わせて「、」「。」を用いるものが多い。

実例⑪野口悠紀雄『数字は武器になる』新潮社、2014年。本文が縦書きの中での横書きコラム「赤穂浪士の驚異的体力」の項より。

　本所の吉良邸に討ち入った赤穂浪士は、引き上げの際、高輪の泉岳寺まで約12km を歩いた。本文で述べた私の「体力の限界」を超えている。6時頃に出発し到着が8時頃だったというから、時速6km。これは、「歩く」というより、「小走り」である。しかも、死闘で体力を消耗しつくした後、重い装束を纏ってだ。私は、この数字を知って、彼らを尊敬するようになった。

【補足】私の「体力の限界」は時速4km 程度である、と野口は本文で述べている。

2　電子メールのルールとマナー

大学生が公的な立場（所属大学の学生という立場）でメールを送信する際の、基本的な注意事項を以下に記す。

A　大前提

①　大学から与えられたアドレスを用いる（個人のアドレスは用いない）。

②　パソコンのメールソフトを用いる（携帯電話は用いない）。

B　スパム・メールと誤認されないための最低限の注意を守る。

①　差出人名を設定しておく（姓＋名の漢字表記が原則）。

②　必ず件名をつける。

③　メール本文冒頭の形式を守る。

　誰に宛てたメールなのか、最初にはっきり示す。

　冒頭で必ず名乗る。

大事な用件を記したメールなのか、スパム・メールなのか、瞬時に判断できるように形式を整えることが、送信相手に対する第一の配慮である。

C　基本設定を行う

①　差出人（From：）

大学から与えられたメールアドレスであれば、あらかじめ差出人（発信者名）が設定されているはずである。まず、この点について確認する。

差出人名は、「漢字表記」を原則とする。日本人にとって漢字表記の差出人は個人の特定がしやすいという特徴があるためである。英文メールを送る機会が多い人は、ローマ字表記でもよい。

②　送信日時（Date：）

日時はパソコン内蔵の時計に設定されている。受信者は、この日時によってメールを管理する場合があるので、正しい年月日・時刻になっているかどうか確認しておく。

③　署名

４行程度で自身の情報を設定しておく。個人情報を含めないよう注意する。区切り線にはすっきりしたものを用いる（⒅・⒇ページの例参照）。

D　電子メールの基本の形式と個別留意事項

電子メールの必須要件を含んだ文例を以下に示す。

件名：面談のお願い	a 件名

○○ ○○先生	b 宛名
工学部○○学科の鈴木 孝雄です。	c 名乗り
先日はご多用のなか、公務員試験の小論文について貴重なアドバイスをいただきまして、ありがとうございました。	d 挨拶
さて、公務員試験の最終面接を控えて、先生にご相談したいことが何件か出てきました。 つきましては、できるだけ早い時期に先生の研究室にうかがいたいのですが、先生のご都合の良い日程と時間帯をお知らせいただけないでしょうか。	e 主文（相手に伝えたいこと）
急なお願いで申し訳ありませんが、 何とぞよろしくお願いいたします。	f 結びの挨拶
＊＊＊＊＊＊＊＊＊＊＊＊＊＊＊＊＊＊＊＊＊＊＊ 大阪工業大学　工学部　○○学科 000-111（学生番号） 鈴木 孝雄（氏名） ex000111（メールアドレス） ＊＊＊＊＊＊＊＊＊＊＊＊＊＊＊＊＊＊＊＊＊＊＊	g 署名

形式上の注意について、以下に記す。いずれも、パソコンの画面上でメー

ルを読んで、そのままその後の処理を行うことを前提とした配慮である。

①　すべて左揃えとする。段落冒頭であっても１字下げにはしない。

②　１行字数は最大30字（半角60字）とする（全角で20字以内という意見もある）。

③　文末表現は「です・ます」体とする。

④　句点（。）読点（、）を用いる。

⑤　段落が変わる際には、１行空ける。一段落は５行以内にする（最大で３行という意見もある）。

⑥　できるだけ簡潔に記す。何度もスクロールする必要がない行数になるように工夫する。

⑦　機種依存文字（半角カタカナ・①・Ⅰ・㈱など）は、相手の画面で文字化けする可能性が高いので用いない。

⑧　顔文字（^_^）・絵文字（♥）・（笑）・（涙）などは用いない。公的な場面での使用は、社会常識を疑われて相手にされないと心得るべきである。

E　個別に注意しておくべき事項

a　件名（Subject：）

①　件名は必ずつける。

パソコンの受信トレイに並んだメールのなかで、件名のないメールは異様に目立つ。件名のないメールは相手を不快にしたり、警戒させたりする。スパム・メールとして削除される可能性も高い。どんなに短いメールであっても、必ず件名をつける。

②　漠然とした件名にはしない。

用件の具体的内容がわかるようにつける。件名は、受信者が最初に目にする部分である。また件名には、そのメールに対する態度を決めるという機能もある。大量のメールを処理する場合、「すぐ読む」「後で時間があるときに読む」「削除する」という仕分けを行う判断材料として件名を用いることが多い。「はじめまして」「ご挨拶」「重要なお知らせ」などの**漠然とした件名**では、その判断が行えないため、後回しにされることも多い。したがって、

件名はメールの具体的内容がわかるように工夫してつける。

そのためには、次のような手順を取る。まず、自分が伝えたいことを一文で表し、メールの目的をはっきりさせる。次に、その一文に含まれるキーワードは何かを考える。最後に、そのキーワードを含んだ件名をつける。

（例１）伝えたい内容：４月20日の「言語表現技術」の講義中に指示されたレポートを添付ファイルで提出するので受け取ってほしい。

件名：4月20日言語表現技術レポート提出

（例２）伝えたい内容：特別奨学生制度に応募したいので、推薦状を書いてほしい。

件名：【お願い】特別奨学生推薦状

例２【お願い】のように、【お伺い】【お誘い】【質問】【レポート提出】など、文書の目的を別に表記する方法も有効である。

③　件名は20字以内にする。

長すぎる件名は、一部が隠れてしまって、かえって相手の時間を奪うことにつながる。キーワードを含めて20字以内で簡潔につける。

④　一つのメールで伝える用件は一つにする。

⑤　返信メールの件名には、冒頭に Re: をつけるのが基本である。

補足的注意：教員から特別に指示があった場合を除いて、学生番号と氏名だけを書いて件名としないようにする。

b　相手の名前

冒頭に相手の名前と**敬称**を記し、誰に宛てたメールであるのかを明確に示す。宛名のないメールは、不特定多数の人に宛てたスパム・メールと判断されることがある。また、組織によっては、一つの部署で同一アドレスを共有している場合もある。メール本文を最後まで読まなければ、誰に読んでほしいメールなのか判断できないような内容では、相手の貴重な時間を奪ってしまうことにつながる。さらに、万一、誤った相手にメールを送信した場合でも、冒頭の宛名によってチェックが可能となる。

一方、本文の冒頭に「○○株式会社　○○　△△様」・「○○　△△先生」などと記すことには、相手に対する敬意を表すという意味もある。いきなり本題から始めることは、唐突で失礼な印象を与える。電話をかけて、相手が誰かを確かめることもせずに用件を話し始めることが無礼にあたるのと同じである。

c　名乗り（差出人名）

①　本文の冒頭で必ず名乗る。

公的なメールにおいては、差出人の氏名を本文冒頭に明記していないものは、非常識と見なされる。

同姓の人が複数いる場合も多いので、氏名は必ずフルネーム（姓・名）で記す。「所属＋姓・名」が基本となる。姓と名の間は半角空ける。

②　相手との関係によって、名乗り方を変える。

学生が発信する例をいくつか示す。

1）学外の相手（ここでは企業の人事担当者を想定する）に発信する場合

（例）○○大学△△学部3年生の鈴木 孝雄です。

補足的注意：はじめてメールを出す場合には、どのような経緯・手段で相手のメールアドレスを知ったのか、はっきりと説明する。

（例）企業HP、会社説明会など

2）教員に発信する場合

相互の関係性によって名乗り方を変える。少人数講義の担当教員の場合は、氏名を名乗るだけで十分に伝わる。一方、多人数講義を担当している教員に対しては、学部・学生番号・氏名・受講科目・開講曜日・時限を名乗る。複数の講義を担当しているだけでなく、同一講義を異なる曜日・時間帯で開講している場合も多いからである。非常勤講師と連絡を取る場合には、所属大学も必ず記す。複数の大学で様々な講義を担当している可能性が高いためである。

d　挨拶

⑿ページの例では、小論文指導のお礼を簡潔に述べている。しかし、学内

の教員に対する場合は、この挨拶を省略する場合が多い。

これに対して、ビジネス・メール冒頭の挨拶では、「いつもお世話になっております」が基本の型として定着している。これは、電話をかけた相手と最初に交わす挨拶でもある。メールが電話に代わる通信手段として発達したことからできあがった型だと考えられる。「時下、ますますご清栄のこととお慶び申し上げます」など、手紙文の定型的な挨拶や時候の挨拶は、原則として用いない。

また、こちらからの送信と同じ時間帯に、相手がメールを読むとは限らない。そこで「こんにちは」や「夜分遅くに失礼いたします」などの挨拶は、間の抜けた印象を与えることもある。

アルバイト用語の一種である「お疲れ様です」は、無礼な印象を与え、相手を不快にすることもあるので使わない（本書127ページＢ参照）。

補足的注意：【ｃ名乗り→ｄ挨拶】の順序については、まず、挨拶してから名乗るべきだ**【ｄ挨拶→ｃ名乗り】**という意見もある（本書(20)・(21)ページ参照）。

ｅ　主文（相手に伝えたいこと）

「第三者に説明するための文章を書くときの原則」（本書37～60ページ）に従って書く。ただし、文末表現は「です・ます」体とする。

件名に記した用件と対応させて、内容を簡潔に伝えられるよう工夫する。そのためには、6W3H を使って、**自分が伝えたいこと**と**相手にしてほしいこと**をあらかじめ整理しておく。6W とは【① When（いつ）② Where（どこで）③ Who（だれが）④ What（何を）⑤ Whom（誰に）⑥ Why（なぜ）】である。一方、3H とは【① How（どのように）② How much（いくらで）③ How many（いくつ）】である。このすべての要素を満たさない場合も多い。しかし、伝えたい内容を整理するには有効な要素である。

補足的注意：学生が公的なメールのやりとりをする相手は、大半が目上の人にあたる。「本日20時までに、090-0000-0101に電話お願いします」などのように、「指図のメール」と受け取られるような表現は用いないよう注意する。

f　結びの挨拶

「よろしくお願いいたします」が基本の挨拶となる。「通信完了」の意味も持っているので、結びの挨拶は必ず入れる。

g　署名

本文の冒頭で名乗っていても、署名は必ず入れる。署名があることで、メール全体の終了を意味する。

F　その他の注意事項

①　送信前に必ず読み返す。誤字・脱字には特に注意する。

②　こちらからの依頼（問い合わせ）メールに対して返信（回答）メールが届いた際には、簡単な文章でよいので、できるだけ早くお礼のメールを出す。貴重な時間を使って相手が対応してくれたことに敬意を示すべきである。

G　参考資料

インターネット上で、「就活＋ビジネス・メール＋マナー」と検索すれば、参考となる様々なサイトに行き当たる。

以下には、2013年以降に刊行された書籍から、情報伝達の効率を重視したもの（A）、人間関係を重視したもの（B）を挙げる。

A　中山真敬『入社一年目のメール仕事術』秀和システム、2014年。

B　鈴木真理子『ビジネス文書＆メールの基本』すばる舎、2013年。

H　電子メールとビジネス文書の違い

以下は、ある企業の人事担当者から実際に送られてきた電子メールの全文である（固有名詞・年月日等は変えているが、他は原文のまま載せている）。同じ内容をビジネス文書にすると、⒆ページのようになる。また、このメールに対する返信の具体例を、⒇ページに示している。

a　電子メールの具体例

件名：４月12日個別面談のお知らせ	a 件名

鈴木孝雄さん	b 宛名（相手の名前）
大工工業（株）人事部の路田と申します。	c 名乗り
先日は、弊社の会社説明会にご参加くださいまして、 誠にありがとうございました。 その後の就職活動はいかがでいらっしゃいますでしょうか。	d 挨拶
さて、わたくしどもといたしましては、貴方に弊社のことをもっとよく知っていただき、逆に貴方のお話をもっとお伺いする機会を設けたいと考えております。つきましては、お忙しいところ恐縮ですが、下記日時に弊社梅田本社までお越しいただけないでしょうか。 少し先の日程となりますが、よろしくお願い申し上げます。	e 主文 （相手に伝えたいこと）
記 日　時：2015年４月12日（日）10：30〜 場　所：弊社梅田本社ビル その他： １）当日オフィスは休みですので、恐れ入りますがビル脇の保安室をお尋ねください。 ２）お話をお伺いする所要時間は、概ね30分を予定しております。 ３）確認のため、このメールを読まれましたら、何らかのご返信をいただければ幸いでございます。	（相手にしてほしいこと）
以上、よろしくお願いいたします。	f 結びの挨拶
大工工業株式会社　人事部 課長　路田 渉 〒535-8585　大阪市旭区大宮５丁目16-1 Tel 06-6954-0000　　Fax 06-6954-0001 Eメールアドレス　　michida@daikoco.ne.jp	署名

b　ビジネス文書の具体例

①
2015年 3 月10日

②
鈴木 孝雄様

大工工業株式会社
③人事部　路田 渉

④　⑤
拝啓　時下、ますますご清栄のこととお慶び申し上げます。

先日は、弊社の会社説明会にご参加くださいまして。誠にありがとうございました。その後の就職活動は、いかがでいらっしゃいますでしょうか。

⑥
さて、わたくしどもといたしましては、鈴木様と改めて面談する機会を設けたいと考えております。

つきましては、お忙しいところ恐縮ですが、下記日時に弊社梅田本社までお越しいただけないでしょうか。少し先の日程となりますが、よろしくお願い申し上げます。

⑦
敬具

記

日　時：2015年 4 月12日（日）10：30～
場　所：弊社梅田本社ビル
その他：
1）当日オフィスは休みですので、恐れ入りますがビル脇の保安室をお尋ねください。
2）お話をお伺いする所要時間は、概ね30分を予定しております。

なお、同封葉書にて折り返し出欠のお返事をいただきますよう、お願いいたします。

同封：返信用葉書　1
弊社へのアクセス方法（地図）1

以上

①発信年月日
②受信者
③発信者
④頭語
⑤前文
⑥主文
⑦結語

c　⒅ページａのメールへの返信例

件名　Re：４月12日個別面談のお知らせ	a 件名

大工工業株式会社 人事部　路田 渉様	b 宛名
先日の会社説明会の折には大変お世話になりました。	d 挨拶
大阪工業大学○○学部の鈴木 孝雄と申します。	c 名乗り
この度は、面談のご連絡をいただき誠にありがとうございます。 ご指定の日時に、貴社本社ビルにうかがいます。	e 主文（回答）
その節は、なにとぞよろしくお願い申し上げます。	f 結びの挨拶
大阪工業大学工学部○○学科３年生 鈴木 孝雄 メールアドレス　ex000111	g 署名

注意事項（本書⒀～⒄ページ参照）

＊できるだけ早く返信する（どんなに遅くても24時間以内）**ことが何よりも大切である。**

a　受信したメールの件名冒頭に Re: を付けて、件名とする。

b　会社名は正確に記す。先方が（株）と省略形を用いている場合には特に注意する（「株式会社大工工業」か、大工工業株式会社」か、会社案内などの資料を調べ直す）。

相手の名前は、できればフルネームで記す。漢字を間違えないように注意する。

d　定型的な堅苦しい挨拶は必要ない。電話で丁寧に話すようなつもりで、挨拶のことばを記す。

c　自身の所属・氏名をはっきりと示す。

補足的注意：この例では、【d 挨拶→ c 名乗り】としている。この方が、丁寧で自然な印象を与える。

e　このメールの一番重要な部分である。

先方からの「面談のお知らせ」に対して、自分に出席の意志があることを明確に簡潔に伝える。

f　これでメールの本文が終わることを示す意味があるので、必ず入れる。

g　自身の情報について相手に知らせる。アドレスは、基本的に大学から与えられたものを記す。

個人情報（個人のアドレスや携帯電話番号）は、原則として入れない。